新潮新書

小早川明子
KOBAYAKAWA Akiko

「ストーカー」は何を考えているか

567

新潮社

「自分を嘘であざむき、自分の嘘に耳を傾ける人は、ついには自分のなかの真実も周囲の真実も見定めることができなくなり、その結果、自分をも他人をも尊敬できなくなる。（中略）しかも当人は、誰も自分を侮辱した者がおらぬことを、逆に自分のほうが自分に対する侮辱を考え出して、色どりを添えるために嘘をついたことを承知している。一幅の絵を仕上げるために自分で勝手に誇張をして、他人の言葉尻をとらえ、針小棒大の大騒ぎをしていることを承知している。――自分でそれを承知していながら、やはり真っ先に腹を立て、しかもいい気持になるまで、大きな満足を味わうまで腹を立てて、その結果とうとう本当の敵意を抱くようにさえなる……」

（ドストエフスキイ『カラマゾフの兄弟』より、池田健太郎訳）

はじめに

ストーカーによる凶悪な事件がたびたび報じられます。男女問題の果てに殺人まで犯す人間とはいったい何者なのか、得体のしれない不安を覚える人は多いでしょう。

近年、メールはもとよりＳＮＳやＬＩＮＥなどコミュニケーションの爆発的増加によって、人間関係や距離感の取り方が根本から変わりつつあります。膨大な情報のやりとりの裏で、会ったこともない相手からのバーチャルなストーキングも広がっています。

二〇〇〇年にストーカー規制法が施行されて以来、警察によるストーカーの認知件数は年々増え続け、今や年間二万件（一日に約五七件）を超えます。

私は一九九九年からストーキング被害からの救出活動を始め、カウンセラーとして、これまで一五〇〇を超える案件と関わってきました。

ストーキングは、自分の正当性、特定の相手に対する強烈な思いと怨念にも似た感情――そこにはセクハラやパワハラにはない、加害者の特徴があります。

①確固たる心理的動機があり、正当性を妄想的に信じ込んでいる。
②相手を一方的に追いつめ、迷惑をかけて苦しめていることを自覚しながらも、相手に好意を持たれる望みをかけている。
③その望みが絶たれた時、心のバランスは憎しみに反転し、自殺または相手を殺害することもある。

ストーキング事案の当事者たちはしばしば加害・被害意識が曖昧で、特に加害者は歯止めなく①〜③の階段を駆け上がりやすいのです。

私のところに相談に来るのは、多くが被害者（と呼ばれる側）ですが、相談があれば大抵は加害者（と呼ばれる側）にも連絡を入れます。すると、実に八割の確率で会うことができます。加害者が、私という被害者側の人間と会おうとするのは、彼（彼女）らの多くが生きることもままならない苦痛にあえぎ、救いを求めているからです。

加害者一人ひとりは特有の心理を持っていて、常識では取るに足らないことにひどくプライドが傷つく。その異様な精神状態は本人以外には想像ができず、被害者は何が加害者の逆鱗《げきりん》に触れたのかも分からずに苦しむ。被害者が救われるには、とにかく加害者に加害行為を止めてもらうしかありません。

私はこれまで五〇〇〇人以上のストーカーと向き合ってきました。最初から穏やかに話し合える人もいれば、激しいバトルをした人もいました。いずれにしても、加害者と被害者がストーキングというトンネルから抜け出る出口を探してきました。

加害者にはそれぞれストーキングをする言い分、動機があります。些細なことであっても、長年考え、こだわり続けてしまうような何か、頭にこびりついて意識せざるを得なくなっている動機というものが、例外なくあるものです。

それらは「なぜ彼は私から離れたのか？」や「あの時、俺は騙されていたのではないか？」といった「疑問」や「疑念」、「相手は私に謝罪すべきである」といった「要求」が多いのですが、全て交際中の事象に対する解釈にもとづいています
例えば、自分以外の男性との関係を疑わせるメール、約束したことが守られないままであること、常に馬鹿にしているような態度に見えたこと、金銭上の不満など。一見、取るに足りないことのようでも、あるいはとんでもない要求であっても、そこにこそストーカー問題を解決する「鍵」があると私は考えています。

多くの場合、加害者のこだわりは放置され続けてきました。事件が起きたら、加害者のそうした動機と心理を、「過去問」を解くように検証する必要があります。加害者は屈辱感から被害者意識を固め、ついには「法を犯してでも相手に復讐する権利がある」という認識に至っている。そうなれば事態は一気に危機的になります。殺人事件の加害者の多くには、そうした妄想的な自意識があるのです。

ストーカーは相手に対して「疑問」や「疑念」、「要求」を抱いていて、その回答を相手から直接得ようとして「追及」（seeking）している。その現れがストーキング行為であるように私には見えます。

回答が得られないかぎり、ストーキングは継続します。渇いた人間が水以外のことを考えられなくなるように、周囲の一般的な正論、「一般解」には見向きもしない。「もっといい人を探したら」、「過去を忘れて前向きに生きれば」などとアドバイスしても意味がありません。彼（彼女）らが渇望しているのは、相手からの個別で具体的な回答、つまり「特殊解」なのです。

私が被害者の依頼を受けて加害者と会う時は、まず加害者が何について疑い、文句を言っているのかを聞き出します。実際は聞き出すまでもなく、自分から話してくれますが、そこで「私が相手の窓口になり、あなたの疑問や言い分を伝え、返事をもらってきます。ですからストーキングはやめてください」と提案します。

するとすると「相手に逃げられ、壁に遮られてきた」と思い込んでいる加害者のほとんどは、一旦はストーキングを止める選択をします。私が間に入ることで、壁を叩き続ける必要がなくなるからです。

私を通して何度もやりとりをし、やがて詰め将棋のように特殊解が得られる。これが「鍵」になります。しかし、回答が満足のいくものであれ、不満の残るものであれ、もうこれ以上は相手に問いただせない。追及は終わっているのに、関係を終わらせることができない。つまり、真の問題は相手ではなく、「相手から離れられない自分」にあると思い知るのです。

その時、外（相手）に向けていた「追及」が、自分の内側への「探究」（searching）へと方向転換する。これは大変な意識の変革です。

「相手から離れられない自分」を認めるということは、自分自身の弱さと孤独を目の当たりにすることです。そもそも、そこから目を背けたくて付き合った相手がいなくなったことでパニックを起こして文句を言い、攻撃してきた。それでもまだ愛される可能性があると信じてきたのに、今や微塵も愛されてなどいないと分かってしまった。もはや、相手に関わり続ける理由も大義名分も見当たりません。

その時、いわば私との取引でストーキングを一時止めていた加害者が、自分の内側を探究したいと願うようになります。そこから私との本当の関わりが始まります。

内側への探究の扉は、そのままストーキングから出てゆく「扉」です。その前に立った加害者は、不安で弱々しく、みじめにも映ります。

しかし、「弱くて孤独な自分」を十全に受け容れられた瞬間、今度は「それでいいじゃないか」という自己肯定感が生まれます。もし自己憐憫に浸り続けるとしたら、それは自分の弱さと孤独を認めることができず、抵抗しているということです。

加害者たちは、抵抗するために様々な「鎧」を身に着けています。鎧とは、ひと言で言えばプライドです。学歴、職業、交友関係など、他人を振り返らせるような道具立てと言ってもいいでしょう。それらを自分一人で脱ぎ捨てるのは容易ではありません。それでも、孤独であるがゆえに生き生きした自分の姿、孤独のままに愛すべき自分自身が見えてきたら、彼（彼女）らは、ストーキングから出ていくことができます。

中には扉の「鍵」を持ったまま、差し込まずに立ち止まる人もいます。私はそういう人の背中を押すために、ストーカーの病態に詳しい専門医につなげることもあります。

また、扉の内と外に出たり入ったりを繰り返す人もいます。ストーキングが依存症のような病態まで進んでいるのです。そういう場合、それを制御する力を高める行動療法に取り組むようサポートします。私は加害者がストーキングに戻らないように励ましますが、一〇年以上の付き合いになる人も少なくありません。

私は、加害者一人ひとりが「鍵」を手にして「扉」の前に立ち、ストーキングから出ていけるように、それぞれの道程を探してきました。私の電話一本で「鍵」を見つけた人もいれば、逮捕後にカウンセリングを始めた人、解決金を払ったケース、訴訟になったケース、態様も期間も多種多様です。

＊

私が現在の活動を始めたきっかけは、自分自身が被害にあったことでした。当時、私は相手の心に巣くう「何か」を刺激した。でも、それが何か分からない。いくら言葉で「お前は俺を傷つけた」と指摘されても、なぜそれがそんなに大事なことなのか、文句をつけられることを改めても、謝罪しても離れてはくれない。ひたすら困惑し、怯え、脱出の活路を見出そうと頭がしびれるほど考え続けました。

社会通念を考えて、本文では便宜上「ストーキングの加害者」を「ストーカー」と呼びますが、五年に及ぶ相手との格闘は、「彼は『ストーカー』だったから」というだけではすませられないものがあるのです。

私が考えるストーカー問題の真の解決とは、「加害者が加害行為を止め、相手との問題から離れ、自らの持つ根源的な動機（孤独と弱さ）や病態（依存症）に気づき、それらから解放され、新たな方向に歩き出すこと」です。

本書はストーカー対処法のようなマニュアルではありません。そもそも、私のしてきたことが正しいかどうかも分からないのです。それでも、取り組みに効果があったのは事実です。

本書の中で実際に対応した事例をたどりながら、「ストーカー」は何を考えているのか、我が身にも起こりうることとして、読者一人ひとりが考えていただければと思います。

「ストーカー」は何を考えているか……目次

第一章　なぜストーキングするのか――現代社会の諸相

急反転する愛憎

お前の人生もめちゃくちゃにしてやる――そう言われた被害者がどれほどいることでしょう。ストーカーは、相手の成功を妬《ねた》み、阻止しようとする。相手が相手らしく生きることを邪魔するのです。

彼らは、相手が自分のテリトリーにいるうちは、「こんな素敵な人が私の恋人なんだ」と相手の美徳を自分の一部のように感じ、満足しています。しかし、一旦そこから出て行かれるや、急激に気持ちを反転させるのです。

あたかも自分の財産が根こそぎ奪われたようで、自信を失い、パニックに陥る。相手を罵り、卑猥な中傷をネットに書き込み名誉を毀損しても、「どうせ大した奴じゃなかった。同じように泥まみれになればいい」と自分を納得させようとします。

そうした反動的な攻撃を恐れる被害者は、なるべく目立たずに生きようとします。

「出世すると画面に名前が出てしまうから、昇格しないようにしている」というテレビプロデューサーもいれば、「結婚が知られたら幸せだと思われる。だから入籍はしない」と決めている女性もいました。

けれど、自分の能力や幸せの制限は本来の人生をゆがめることで、これこそ本当のストーカー被害ではないかと私は思います。

外出中も、駅や電車の中で相手の姿を探してしまう。夜、ベッドに入っても、職場を失う、家庭を壊されるのではないか、と不安と緊張の連続で神経をすり減らす。緊急措置として転職や引っ越しが必要になる場合はあるとしても、馴染んだ職場や地域を喪失するのはまったく不当なことです。

そもそも生きるということは生命を維持するだけでなく、その人らしい人生を生きることです。

私の会った被害者も、そして加害者も、「こんな自分は本当の自分ではない」と悩んでいました。特に加害者は、「世間並みに成功していない自分など、本来の自分ではない」と考えます。「成功しそうにない」という焦り、「成功しているのに」という不満や疑念が抑えられなくなると自暴自棄になるのです。

自分が「成長」することに対しては関心も意欲もない。「成功」への露骨なこだわりがあるだけで、しかもその成功とは非常に個人的なもので、仕事やお金、恋愛や結婚はあくまで「自分が世間並みになる」、「ほめられる」ための手段としてしか考えられません。

それが得られないと、「自分も他人も信じられない、誰も自分を分かってくれない」という被害者意識を持つ。ストーキングの心理的背景には、必ず被害者意識があります。最近は「安心・安全」優先という人が多くなりました。加えて、快適でないと生きられないという人も増えています。しかし本来、人生は不安と不快に満ちたものです。

私はこれまで大手企業の社員、教員や公務員のストーカーにはたくさん会いましたが、自然相手の職業（農業者など）に就いているストーカーは不思議といない。安心や快適にとらわれずに生きる人は、ストーキングには縁遠いのかもしれません。

一流企業＝成功者という思い込み

ある三〇代後半の女性は、社内恋愛の相手が転勤になるのを機に結婚を迫りました。「生涯独身でいたいから、結婚を望むなら別れる」と言われ、女性は「独身で通すなんて人としておかしい、別れる理由にもならない」と激しく抗議します。

半年近く連日話し合い、結論が出ないまま男性が転勤すると、一日数時間も長距離電話の相手をさせる。たまらず男性が拒否すると、今度は手首を切る動画や、画面いっぱいに「死ね」と書かれたメールが送られてくるようになりました。

困り果てた男性の相談を受けて私が女性と会うと、「私は一流企業で働いていて、部下たちの憧れの的なの。あなたみたいに組織で働いていない人には分からないでしょうけど、そもそもマナーとは――、人とは――」と滔々《とうとう》と説教を始めます。

この女性は、一流企業の社員＝「成功者」だと思い込んでいるのです。

「彼も人間ですから、自分の意思通りに生きる自由はあるのでは？」と私が尋ねると、「私は別れるのがダメだと言ってるんじゃなくて、別れ方のマナーがダメだから怒っているの。お互い信頼していたんだから、別れても私たちは友だちでいるべきです」。

「私が悪いんじゃなくて、彼が人としておかしいのよ。私をストーカー扱いして会社にまで相談した。私、いつかは役員になるつもりだから、こんなことで躓《つまず》きたくない。彼は私の仕事の妨害者よ。しかも第三者が介入したら、別れても以後いい友だちには戻れないじゃない、それが許せない。彼が、自分が異常だと認めて謝罪してくれたら文句はありません！」

そう声を荒らげました。報告を受けた男性は要求を拒否しました。するとと冷静な顔つきで「彼が私を拒否しているのは、私がちょっと暴れたからよ。彼が反省してるなら、もう暴れないと伝えて。あるいは一度会わせてください」。

男性が了承し、話し合いの場を持つことになりました。私も同席してホテルの会議室で三時間話し合いましたが、女性が「やっぱり謝罪の仕方がなってない、反省してないじゃない！」と怒り出して、話は振り出しに戻りました。

女性が「彼ともあなたとも、二度と会いたくない」と変化したのは、男性が警察に相談したからでした。警察から口頭注意を受けた時、女性は男性にしがみつくよりも「成功者」でいることを選択したのです。

仕事の成功＝恋愛の成功という思い込み

仕事の成功と恋愛の成否は別次元の話ですが、そうは考えられない人もいます。

ＩＴ企業を興した二〇代男性は、取引先のＯＬと三ヶ月ほど交際しましたが、「堅苦しくて楽しくない」と別れを告げられました。男性は考え直すように求め、返事に一ヶ月の猶予を与えましたが、女性には新しい恋人ができます。

　すると「穏やかだった」男性が一変。駅で彼女を待ち伏せし、後ろからひどく蹴りつけたのです。転んでケガを負った女性は、両親に連れられて相談にやって来ました。

「彼は本当に怖い。だから新しい恋人とも別れました。彼が私を恨むことだけは避けたいんです。どうか彼と話をしてください、きっと何か企んでいるはずだから」

　連絡すると、すぐに男性と会うことができました。彼女が怯えていることを伝えると、

「あなたの言いたいことは全部分かりますよ。僕はＩＱ１６０でＴ大の大学院を出ています。あなたが何を言おうとすべて反論できる」と言います。

「彼女は僕を裏切った。僕は苦しんだ。裏切りは絶対に許さないと決めている。僕には復讐する権利がある。ただ、彼女を殺して僕まで破滅するのはまっぴらだから、僕がもっと成功して僕と別れたことを後悔させます。もう一つは、取引先である彼女の会社を潰すこと。そう伝えてください」

「彼女が別の会社に移ったら？」と訊くと、今度は「その会社を潰す」という。「イタチごっこの間にさっさと彼女は幸せになるかもね」と言うと、「あり得ない」と言います。

「彼女の意識が僕から離れられるはずがない。僕は普通の男じゃない。知能的にも、身体的にも優れているんです」

「分かりました……でも私があなたの心から恨みを取り去るのが無理なように、あなたも彼女の心に後悔や反省の気持ちを注入することはできない。誰も、人の頭の中に手を突っ込んで、感情や考えを変えられはしません。将棋で相手の駒を動かせないのと同じようにね。あなたの言う復讐は効果がないと思います」

その後、男性とのやりとりは宇宙がどうとか素粒子や量子がこうとか、ほとんど理解できないことだらけでした。

並行して「人に復讐する自由はあるや否や」の議論がメールで半年続き、とうとう根負けした私が「あるよ」と書いたら、「では、これで終わりにします。もう彼女については何も思い出しません」という満足げな返信が来ました。

増える高齢男性のストーキング

最近の三〇代や四〇代の女性は、以前ほど結婚を意識しなくなっています。

親子ほど歳が離れていても、人生経験と経済力と、ある程度の外見的若さがあれば交際にも抵抗がないようですし、頑張ってキャリアを積もうとしている女性には、若い男性より魅力的に見えるのかもしれません。

そういう女性と話をすると意外なほど自己評価が低いもので、「男運が悪いから」とか「もう結婚は諦めているので」と言います。高齢男性と交際する女性は同情心が強いようで、好きでなくなっても離れられない。自分を大切にせず、相手を優先させてしまう。相手はそういう特性を巧みに利用しているのです。

年上の上司に夫の問題を相談するうち、恋愛に発展するケースも少なくありません。「ご主人と別れたら、一緒になろう」などと言われ、それなりの恩義もあるのでキッパリ断れない人もいる。元の鞘《さや》に戻れば、「あんなに悪口言っていたのに何だ、人の心をもてあそびやがって」と糾弾されることになる。

高齢の男性にとってはこの年代の女性との交際はあたかも天の恵みにも似て、そうそう手放すことはできない。女性は別れる時のことまでよく考えて交際しないと、とんでもないことになりかねません。

警察庁の統計でも、六〇代以上の高齢ストーカーは二〇一一年の一二九六件から二〇一二年は一八三四件と、実に一・四倍に増えています。

＊

妻がいながら若い女性と交際していた六〇代後半の男性は、付き合って二年を過ぎた頃、女性宅で大量の薬を飲んで自殺を図りました。命に別状はなかったものの、悩んだ女性は相談にやって来ました。

「もう付き合いたくない、と言ったら、私の寝ている横で……」と声を震わせます。

私が入院中の男性を訪ねて自殺を図った理由を聞くと、「妻とは腐れ縁、これが俺の初恋なんだ。その本気をあいつは分からない。どれだけ金をかけたか、俺にはもう何もない。別れられてたまるか」と言います。やがて男性は退院しましたが、妻は家から出て行ってしまい、若い恋人も引っ越していました。

呆然として訪ねてきた男性に、私は「独りになってしまいましたね。死んだと思って生き直してはどうですか」とカウンセリングに誘いました。自殺未遂者を孤立させるのは危険なので、事務所の近くに越してくるよう勧めました。

男性は素直に同意し、カウンセリングを兼ねてお茶を飲んだり散歩したり、近所づきあいが始まりました。最初のうちは夜ごと「一人は辛いなあ」という電話があり、昼は弁当を片手に「今頃あいつは新しい男といる。そいつは俺の宝を奪ったんだ！」とテーブルを叩いたりもしました。

それでも、半年ほど経つと「あんたにまで迷惑かけるのはよくないなぁ」と言うようになり、年齢相応の落ち着きを取り戻してきました。

高齢者のセラピーはなかなか難しいものです。セラピーはイメージ療法ですから、想像力も必要です。この男性もなかなかセラピーに入れず、時の経過を頼りに見守ることにしました。すっきりした解決ではないし、今も若い恋人の話はタブーですが、五年たって自然と近所のお友だちの一人になりました。

DNA鑑定で解けたこだわり

夫と小学生の子供がいる四〇代の女性が、会社経営の六〇代男性と交際中に妊娠、出産しました。男性も既婚者でしたが、その子は自分の子だとして「離婚してでも君の子がほしい。生活は保障するから君も離婚してくれ」と言い張りました。

女性は「離婚などもってのほか、あなたとは遊んだだけで、子供は夫の子です。その歳で妊娠させられるなんて思うほうがおかしい。二度と連絡しないで」と突き放しました。

しかし、男性は「絶対に自信がある。その子は俺の子だ」とメールを送り続け、女性の自宅前で待っていることもあった。困った女性が相談にやってきました。

「警察に言ったら夫に不倫がばれるし、警告されたら相手は、残りの人生どうにでもなれ、とエスカレートするかもしれない。もう死にたいぐらいです」

家庭の事情を察して家族に知れないように対応してくれる警察官も中にはいますが、そもそも男性側に明確な悪意がないので被害とは呼びにくい。

私が連絡すると普段はほとんどのストーカーが会ってくれますが、この時は違いました。粘った末にようやく会えたものの、男性は頑《かたく》なでした。

「俺の子供に会いたい、それだけだ。あんな女はもうどうでもいい、子供だけほしい。あなたには関係ない、これは民事問題だ」

「ごもっともです。でも家庭を守らなくてはならない彼女がそう言われたら、病気になってしまう。理解してもらえませんか？」

「フン、不倫して子供を作ったんだから自業自得だ。子供は他にもいるんだから、くれたっていいだろう」

「でも、その子をほしいと思うのは彼女を愛していたからでは？　彼女の人生と家庭生活を守ってくれませんか」

「俺の気持ちはどうなる！　彼女の気持ちばかり言うが、俺にとってはこの年で初めて恵まれた子供だ。親権者訴訟を起こして最低でも認知する。妻にはもう話した」

弁護士に相談すると、「民法では、妻が婚姻中に妊娠した子は夫の子と推定することになっていますが、生物学的な親子関係がない場合は、夫は実子であることを否認することが認められます。まずはＤＮＡ鑑定をして夫の子であることを証明しておきましょう」と助言してくれました。

ところが鑑定の結果は、夫の子ではない、というもので私も彼女も頭を抱えました。もし相手が夫に接触したら、家庭は壊れるかもしれない。また母親と離れるのは子供にとっても不幸です。私は男性を説得することにしました。

何度も話し合ううち、この男性の「特殊解」の鍵が、「誰でもいいから、生まれた子供が自分の子だと認めてくれること」だと気づきました。彼は、「その歳で妊娠させられるなんて思うほうがおかしい」と言われたことへの不満と憤りに、心が占領されていたのです。

ストーキングする人が求めているのは何より相手の正直さです。どんなに過酷な事実でもごまかされるよりはマシだと考えます。しかし、たとえ正直でも露骨で馬鹿にされた場合はプライドが傷つき、二次的な問題が発生します。

その時、女性は、「あなたとは楽しく過ごせた。生まれた子供はあなたの子かもしれないけど、私は今の家庭で育てたい。お願いします」と言えばよかった。自分を守るために、相手の領域まで踏み込んで批判したのは過剰防衛だったのです。

本心を言う時は、常に自分を主語にすれば露骨にはなりません。相手が「お前は最低の女だ」などと越境してきたら、「私は今の言葉が不快です」、あるいは「私はその言葉が辛かったです」とレスポンスし、どうしても相手のことを言いたいなら、「私は、あなたが××だと想像します」と、自分の考えであることを明確にして、自ら責任を負った発言をすべきです。このようにして自分と他人の境界線をいつも意識して自分の領域内の話をすることが距離感の取り方であり、マナーだと私は思います。

別れの意思を伝える際も、「あなたは私にはもったいない」といった婉曲な言い回しではなく、正直に言うべきです。「あなたが××だから」と相手に責任を負わせるようなことは言わず、「私はあなたの××が辛くなったから」、「理由は分からないけど、とにかく私は別れたくなったから」と言うのが不要な衝突を避けるポイントです。

「私は、あなたの子だったと思いますよ」と私が言った時、男性は泣きました。「誰でもいいから認めてほしかった」と言って涙を流したのです。

男性は、私に自分が父親だと認められると「もう、それだけでいい」と納得しました。二年に一度、私から男性に子供の写真をメールで送る約束をして今も続けています。男性は時には事務所に雑談に訪れるようになりました。彼にとっての「扉」の先の風景は、私のような話相手のいる、穏やかな生活だったのでしょう。

一人の加害者が回復するということは、関係者全員の回復を意味します。被害者はもちろん、家族や友人、職場の同僚など当事者とその周囲の人たちは相互に反映し合っているからです。

学内DVで強姦・妊娠

若年層のストーキングも増えています。

高校や大学でのストーキングの場合、たいていデートDVが先行しますが、とりわけ深刻な学内DVとして思い出される事案があります。

在学中から学校内で性的関係を持たされていた女子学生は、卒業前に相手の男子学生の子供を妊娠しました。八ヶ月の時に相談に訪れましたが、付き添ってきた母親が不思議なほどに怒りを表現しません。

「娘が『怖い』というので、相手にも文句が言えず――」とただおろおろしている。

なぜこの状態になってから相談に来たのかと聞くと、女子学生は「やめてって何度も頼んだのに、セックスしないと裸の写真をネットでばらまくと脅されて、言うことをきいてしまった。妊娠して『どうしたらいいの』って彼に聞いたら『死ねよ。子供と一緒に』と言われ、もう本当に死にたくなって、家で首を吊ろうとしたら母に止められて……」と言うのです。

これは強姦（少なくとも準強姦）罪に相当し、その上、今なお校内でセックスさせられている。その日、女子学生が相手と待ち合わせているファミレスに同行しました。

情動面に問題のある加害者には、カウンセリングは即効性がありません。

私が直ちにすべきことは、事実を確認すること、罪を認めさせること、謝罪させること、責任を取らせることです。まだ学生ですから、男子学生の親にも息子の問題性に気づいてもらわなくてはなりません。

時間に遅れてきた男子学生は、体も顔も小さく、細い目をしていました。私を見て少し驚きましたが、さっと正面に座って女性を見据え、何か察知したかのように「もうこの人には近づきませんから」と言います。私は次々問い質《ただ》しました。

「顔を見せてください。彼女をレイプしていたの？」、「はい」

「子供が生まれるけど、どうするつもり？」、「分かりません、僕は何もできないので」

「あなたには親がいるでしょう。明日、私の事務所に一緒に来てください。さもなければ警察に全て訴えます」、「でも僕の親はきっとあなたと彼女を侮辱します。いくら僕がレイプしたと言っても信じないから」

「この女性はあなたの子供を育てる。就職もできないんですよ」、「養育費とかですか」

「その前に反省と正式な謝罪、それからどう責任をとるか。あなたとだけ話しても不足だから、親と一緒に来なければ警察と弁護士に話します」、「僕の父は弁護士ですから大丈夫です」

その後、なかなか息子の非を認めようとしない両親と三度話し合いをもちました。結果的に子供が生まれる寸前に両家は示談し、被害者は加害者の子の親になりました。

親までストーキングに加担

子供が加害者であることを認めないばかりか、中には一緒になって被害者に嫌がらせをするような親もいます。ある女子学生の両親が事務所を訪ねて来て、こう言いました。

「娘が、交際していた男にいとも簡単に捨てられました。新しい彼女ができたのが理由で、相手は娘の友だちです。こんな理不尽なことってありますか？　娘が文句を言いに彼女の家に行くと、娘が学生課に呼び出されて注意を受けました。不公平です。私たちが大学に抗議しても曖昧な返事で、娘は私たちに悔しさをぶつけて毎晩暴れる。テーブルをひっくり返したり、物を投げたり。私たちは彼に電話して文句を言いましたが、『関係ない』って言うんです、ひどいでしょう？」

両親は、男性の就職活動先の面接会場にまで押しかけたそうです。

「あんな男を採用するのはその会社にとってもよくないし、うちの娘が就職活動できないぐらい悩んでいるのに、自分だけ就活しているのは許しがたい。男の親にも文句を言ってやりたい」

私は、絶対にそういうことをしてはならないことを伝え、代わりに私が男性と会うことを約束しました。

「では、娘とよりを戻すか、慰謝料を払うか、さもなければ就職浪人するか、選択するように伝えてください」

私は交渉人でもないし、弁護士でもないし、失恋したのは気の毒でも、相手に責任を負わせられるものでもない。就職を阻止するのは重大な人権侵害にあたります。

私は、男性によく事情を聞いてみることを両親に伝え、その前に女子学生当人が来るようにお願いしました。

「娘は私たちの言うことなど聞きません。自分が彼に振られたのは親の育て方が悪かったからだと怒っている。信頼されていないのです」

仕方がないので私が女子学生に電話すると、「彼に会ってもらえるなら」とやって来ました。

「彼が悪い。女もひどい。親友と思っていたのに、絶対に許さない。でも、彼が離れて行ったのは私のせいだと分かってもいます。彼は、一緒にいると息が詰まる、とよく言っていたし、私は捨てられるのが心配で彼の携帯電話を見ては合コンの予定とかチェックしていました。こんな自分はもちろん嫌い、だから親が悪いんですよ。こんな人間に育てた責任をとれ、そして彼を連れ戻せ、できないなら離婚しろ、と言いました」

その娘は話をしながら、苛立たしげにテーブルを小さく蹴り続けています。やめるように言うと、ああ、といま気がついたように素直に足を下ろしました。

「呼吸が乱れていますね。眠れてるの？」、「昼夜逆転で、食事もほとんどしてない」

「親に怒るのはお門違い、全てあなたの責任ですよ」、「フン、どんな親かも知らないくせに。とにかく親には責任を取らせます。彼を連れ戻すこと、それから私のほしいものは買うこと。浴衣がほしい」

「どうして？」、「去年、彼と花火大会に行く約束をしたから、それは守ってもらう。私は浴衣を着て、彼を誘いに行く」

「でも彼はあなたとは会いたくないようだけど？」、「あの女がいるからよ。裏切り者だから彼から引き離す」

「どうやって？」、「言えない。それよりあなたは親に雇われたんだから、しっかりやってください」

「何を？」、「あなたはバカね。彼を連れ戻す説得よ」

「そんなこと頼まれていません。あなたの心のケアをするために、こうして話をしている。そのためにできれば彼の話も聞きたい、ということです」、「は？　話が違う。また親にだまされた」

こんなやりとりの後、私は彼に連絡しました。加害者から相談を受けて被害者に連絡を入れるのは、その逆よりもかなり難しいのです。

逃げている被害者は加害者側からの接触には拒否感を持ちます。私が被害を未然に防ごうとしているカウンセラーであることを理解してもらわなくてはなりません。

彼は、「僕は学校でもいつもびくびくしています。彼女の親たちもおかしいし、新しい彼女も怯えている。できれば解決に協力してください」と決断してくれました。

私はまず学内での彼の安全確保のため、大学に警備についてお願いをしました。彼が学内で彼女に捕まった時、警備員に連絡できる番号を作ってもらうことです。

大学は「何もそこまで……」と渋りましたが、キャンパス内での殺人や自殺、傷害事件など最悪の事態を防ぎたいなら徹底するように伝えて押し切りました。

彼は報告を受けて言いました。

「いつも待ち伏せされて困っていたんです。学食にいれば隣に座るし、逃げると走って追いかけてくる。後ろから叩かれたり、すれ違いざまに『話がある』と鞄をつかまれたり。でも殴るわけにもいかないし、恥ずかしいしで、仕方なく空き教室に入ったら、彼女の美容室の予約時間が来るまで二時間も離れられなかった。この状態が卒業まで続くのかと思っていました。警備員が駆け付けて、引き離してくれるなら安心です」

警備員は手出しまではしなくても二人の間に割って入り、もし彼女が激昂したらそのまま学生相談室か保健室に連れて行く。彼女の親にも伝え、大学から連絡が入ったら引き取りに来てもらうことにしました。

その後、当事者二人と双方の両親を集めて私の事務所で話し合いを持ちました。

彼は、「どうしたって戻らない」と全員の前で宣言。親子一緒の会議で、女子学生の親たちはわが子にも非があることをようやく理解しました。彼女にカウンセリングをするには、まずは親に退場してもらう必要がある。実はそれが会議の目的でした。

ストーカー規制法では、加害者の親には警告は出せません。知らないうちにストーキングに加担している親に対しては、私は訴訟を提案することにしています。

「中途半端な介入は意味がないばかりか、有害です。自分たちで解決しろ、と突き放すか、徹底して子供の味方になるか。相手に直接文句を言いに行くのは不法行為になりかねませんから、合法的に異議申し立てをすることです」

こう言うと、「でも子供が被害者だという証拠がないし……」と尻ごみしますが、「負けてもいいじゃないですか。親がなりふり構わず戦ってくれることが子供にとっての癒しであり、社会勉強になります」とわざと背中を押します。

相談した弁護士からは、「慰謝料請求なんて無理ですよ。むしろ、あなたの子供さんの方が請求されます」と面と向かって言われる。空焚《からだ》きした鍋を水につけるように冷静になってもらい、退場を促すのです。

この女子学生は犬が好きで、カウンセリングの時に私の飼い犬にお菓子を持ってくることもありました。「いいなぁ、犬は」と言うので、「あなたもいつかお母さんになる。赤ちゃんってこの犬みたいにかわいいよ。寝てるとすり寄ってくるわよ」と応じると、「……私は親と寝たことないからな」と言いました。

彼女との付き合いは半年ほどで終わりましたが、この間、親が大学に迎えに行ったことが二度、被害者の交際相手の家に押し掛けてパトカーが出動、彼女が現場から逃げてきたことが一度あった。それでも彼女は、浴衣を着て花火大会に行きました。「一人で行く」と言うので、「じゃあ、私も行くか」と一緒に電車に乗って浅草へ。車内にあふれるカップルを見ながら彼女は、「来年はあなたとは来たくないな」とつぶやきました。

「大人の交際」に「復讐屋」が登場

時には加害者に頼まれた「復讐屋」が絡むこともあります。

レストランで働く男性（関東在住）のケースでは、「△△を雇うのは大凶」「△△は変態男」などと大書された葉書が上司宛に届き、実家（関西地方）には呪いの藁人形が送られてきた。交際している女性の家（東北地方）の壁にも、大きな字で「△△と付き合うな」と落書きされました。

葉書と人形を警察に持っていき被害届を出しましたが、指紋はなく、葉書の消印も全国各地に散らばっていた。組織的な復讐屋が関わっていることが想像されました。

問題は誰が依頼しているかですが、男性には心当たりがありました。

以前、レストランの常連の女性に誘われ、「大人の交際なら」と、数ヶ月ほど肉体関係を続けたことがあったのです。ところが、男性に恋人がいることを知ると、「もてあそんだ謝罪をしろ」と怒り出したというのです。

初めのうちは「大人の交際だったはず」と反論しましたが、激昂ぶりにひるんで「申し訳なかった、別れたい」と伝えると、その翌日、女性の弟を名乗る人物が店にやってきて、上司に「客を食い物にする店など潰れてしまえ」と凄んだといいます。

見るからに暴力的な人間だったので、上司はしばらく彼を自宅待機にさせました。上司宛に葉書が届くようになったのはそれからでした。

私は男性から事情を聞いて常連の女性宅を訪ねました。古い公団住宅のドアの前に立つと、中から子供の泣き声がする。呼び鈴を鳴らすと子供を抱えた女性が現れ、私が男性のカウンセラーであることを伝えると、「話すことはないわ」と不敵に睨みつけます。男性の会社や実家、恋人の家にまで嫌がらせしたのでは、と質しても「何言ってるの、してないわよ。そもそもあいつが人の体をもてあそんだのが悪い」と取りつく島もありません。

しかし、店に脅しをかけた人について、「あなたのご主人なんでしょう？　ご主人に浮気がばれましたか？」と言うと、ハッとした表情に変わり、仕方なさそうに中に招き入れました。

カーテンが引かれたままの薄暗い、散らかった室内にはもう一人、女の子が立ちすくんでいる。座布団もない床に座って女性と話をしました。

「私が旦那に言ったのよ、彼に女がいるって聞いて頭にきたから。最初は張り飛ばされたけど、どうでもいい。私も旦那も、あの男みたいに楽して生きてはいないしね。最後は夫が、一緒に懲《こ》らしめてやろう、と言ってくれた」

でもまだ何もしていない、と女性は言い張りましたが、被害は深刻で彼の親も恋人も精神科に通っていることなどを伝え、復讐はやめるように念押しして家を出ました。

女性は、「夫に殺されるかも、と思った」とも言いました。どんな事情か分かりませんが、女性は困窮した暮らしの中で、華やかな雰囲気のある男性との恋に癒されたのかもしれない。しかし、結局は夢物語と分かり、現実のパートナーである夫に相手を痛めつけてもらおうとするのです。

楽な暮らしにはほど遠い女性と夫、そして子供たち。家まで踏み込んだことは正しかったのか、私は正義を振りかざしていないか、帰途、自問で胸が締め付けられ涙がこぼれました。

その夜、女性の夫から電話がありファミレスで会いました。派手なファッションの夫は斜めに腰掛けながらこう言いました。

「色々言いたいことはある。だけどもう潮時だな。あんたも出てきたし、そこまであいつが悩んで金もかけたんなら、もういい」

ただし慰謝料を求めると言うので、「訴訟になさったらよいのですよ」と言い、弁護士に引き継ぎました。女性の夫が男性を不法行為で訴え、結果としては、お互いに引き分けの和解となりました。以後、被害は止まりました。

この夫婦は裁判が終わった時、私に「あんたの仕事は面白い。ストーカーみたいな馬鹿なやつがいたら、俺らに言って下さいよ」と言いました。

私が加害者側に慰謝料請求訴訟を勧めることがあるのは、絶対に違法行為はしてほしくないからです。「合法的に異議申し立てをするならいいですが、もしストーキング行為を知ったら、その時点で私が警察に通報する」と最初に伝えています。

第二章　女性ストーカーは男性とどう違うのか――異なる傾向と対応

ストーカーの半分は女性

私が扱う案件の半分は女性ストーカーで、警察庁の統計（男性が八割）とは大きく異なります。男性側があまり警察に届け出ようとしないだけで、実際には、ストーキングをする女性は多いのです。

女性ストーカーは過去を偲《しの》ぶのが大好きです。どんなシチュエーションで交際がスタートしたか、二人でいる時がどれだけ楽しかったか。色々な物をとっておくのも特徴的で、二人でいる写真、彼のタバコの吸い殻、贈り物を私に見せながら実に嬉しそうに話します。もちろん私は良い聞き手となります。

攻撃する相手との過去を楽しそうに話すのは奇妙かもしれませんが、相手と揉めているからこそ、楽しい思い出を誰にも話せずにいる。水を向ければ喜んで語ってくれます。

過去を懐かしめばますます手放せなくなるのではないか、むしろ嫌なことを思い出させた方がいいのでは、と言う人がいます。しかし、苦々しいことばかり思い出しても、別れを納得できるわけではないのです。

楽しかった過去をたくさん話すうち、怒りで攻撃的だった女性の顔が楽しげになり、やがて悲しそうな顔に変わる。この時、人形をもたせると、無意識にやさしくなでていたりする。「まだ好きなんですね」と声をかけると素直にうなずく。そして、ゆっくりと自分は悲しいのだということに気づいていく。

悲しみを純粋に味わうというのはとても大事なことで、ストーカーの問題の一つは、別れを告げられた時に怒りが勝って悲しみに十分に気づけない、受け止めない、消化できないことにあります。

怒りが引いて、悲しみが立ち現れれば、カウンセリングのチャンスが出てきます。カウンセラーの役割は、事実を見つめて現実を受け入れるサポートをすることです。

以下、実際の事案から検証していきます。

メールによる執拗な行動確認

芸能プロダクションに勤める男性が、五年間同棲している女性に別れ話を切り出したところ、冷静な性格のはずだった女性が突然殴りかかってきました。夜、踏切で二人並んで電車の通過を待っている時でした。

それからというもの毎晩、女性は刃物を手に暴れます。さらには妊婦の格好をして男性の会社を訪れ、「何とかしてください」とわめくようなことまでしたと言うのです。

仕事中にも、踏み切りの音を背景に「さようなら」と電話がかかり、話し合っていると突然、七階の部屋の窓から飛びおりる真似をする。その日、彼女が外出中に男性が出かけようとすると、外側から棒でドアが固定されており、窓から出ることもできず、電話帳を調べて私の事務所にSOSをしてきたのです。

女性は会ってみると小さく可憐な顔をしていますが、目がギラついていて、「あの男はずっと芸能人と浮気していたんです。仕事の一部かと思って私、我慢してきた。それを『そろそろ別れようか』と簡単に言われたら、誰だって殺そうと思うでしょう」と言います。

男性は、「浮気なんてとんでもない。ずっと疑われていて、違うと言っても信じないし、いつも探るようにカマをかけられたら辛い。だから、別れようと言ったんです」。

「事実を確認しないと、解決はできないようですね」と、私はその浮気相手という人に会い、話を聞くことを提案しました。

　すると女性はぎょっとした顔で、「その女が付き合ってたなんて、言うはずない。確認するだけ無駄です」と言う。男性も、「やめてくださいよ、恥ずかしい。二人の問題は二人だけで解決しないといけない」と言い、続けて「俺は絶対に浮気はしていないけど、もうどちらでもいい。とにかく俺は、お前が嫌なんだ！」と叫びました。

　すると女性は、「えっ、嫌いなの？　いやよ。ごめんなさい。信じない私が悪かった。捨てないで、信じるから別れないで」と急に謝りだしました。

　男性は、「これからは疑わないなら、やり直してもいい」と言いました。

　一見、二人は問題を解決したかに見えますが、問題は男性の浮気の真偽ではない。私は女性に告げました。

「あなたは暴力という法律の一線を越えた。これについては絶対に反省が必要です。もう一度付き合うかどうかの前に、暴力を振るったことを謝罪し、二度と暴力を振るわない、と誓約できますか？　やり直すなら過去の彼の浮気（らしきこと）を完全に許さなければだめです。できますか？　私はあなたには無理だと思う。どうしてもやり直したいなら、私はお二人、特にあなたのカウンセリングをお勧めします」

その後数ヶ月間、二人は毎月やってきました。個別カウンセリングの後、三人で話し合いました。

メールは一日一〇回まで、とルールを決めました。彼女は一日に五〇通ものメールを出して「返事が遅い」と言っては浮気を疑っていたのです。まずそれを禁止しました。

特に問題のないカップルでも、メールは自制する必要があります。すぐに返事が来ないと怒ったり、不安になったりする人が少なくないし、用もないのに一日五回以上もメールをよこすような人とは付き合わないほうがいい、と個人的には思います。

また、メールを出した相手から三日待っても返事がなければ、好かれていないと理解すべきです。それは拒否のサインで、返事が来ないと怒るのは無意味で結果は出ているからです。

それでもなお諦めず何度もメールしてしまったら、ストーキングの傾向がある。「五回ルール」と「三日ルール」は、私がカウンセリングに来る人に提案していることの一つです。ＬＩＮＥやツイッターで一日中やりとりをしているのが今どきですから、そんなの無理、と笑われることもありますが、それでも返信の有無にとらわれるようになったら病的だ、という自覚が必要です。

人の良いOLが相手を監禁

ある商社マンは不倫相手に脅されて二ヶ月間も自宅に帰れず、女性の部屋から出勤していました。男性は妻がいることを隠して女性と交際、結婚の口約束までしていた。既婚者であることがバレた時、女性は豹変。しかし、男性が腕力にうったえれば完全に加害者の立場に立たされます。私は妻から相談を受けて会社に男性を訪ねました。

「彼女を傷つけた私が悪い。彼女は私を監視しながら、毎日トイレで泣きながら吐いています。妻には責任はないし、もう私はどうしたいのかも分かりません」

私はその夜、女性に会い、とにかく彼を自宅に戻すように言いました。女性は拒否しましたが、「今夜から彼はあなたのところには戻らないし、二度と会わない」と伝えました。時には強制的な引き離しも必要なのです。その日から男性にはボディガードをつけましたが、それから数日間は昼夜を問わず、私の電話は鳴り続けました。

それでも一一〇番通報を恐れてか、女性は男性の会社と自宅には来ませんでした。妻は慰謝料を求める裁判の準備をし、弁護士が夫婦連名の内容証明郵便を出したタイミングで、私は妻と一緒に女性が信頼する女性の元上司に会いました。

「突然退社したので心配はしていたのですが、迷惑をかけて申し訳ありません。ただ彼女は両親もおらず、田舎の高校を出てから真面目に働いてきた。人が良いせいか、これまで何人かの男性に騙されました。が、今回は『結婚する』と、とても嬉しそうに報告にも来ました。率直に言って、奥様には謝罪しても、ご主人には頭は下げられません」

この元上司が女性を説得してくれ、男性が女性に解決金を渡して、妻は訴訟を取り下げることで和解しました。

しかし後日、積もりに積もった妻の怒りが爆発、隣で眠る夫の頭を置物で殴りつけてしまいます。大事には至らなかったものの、結局男性は一人で家を出ていきました。

女性は男性の職場を狙う

化粧品販売会社を経営する男性（四〇代）が、交際相手との別れ話がこじれました。すると女性が毎日会社にやってきて、「嘘つき」「潰れてしまえ」といったファックスも連日送られてくる。注文用の留守番電話にも男性を罵る声が長時間録音されていた。

私が五〇歳近いその女性に会うと、「私はあいつの会社に仕事を紹介した。私がいなかったら会社なんてやっていられなかったのに、恩知らず」などと言います。

男性に確かめると、「確かに創業時に世話になったけど、二〇年も前ですよ。それをずっと恩に着せて、『得意先に会社の内実をばらす』とか言ってホテルに行くように要求してくる。もう絶対に縁を切りたい」と顔をしかめている。

私は男性の会社を訪ねて、一〇名ほどの女性職員たちの前で「今日から皆さん一緒に会社を守りましょう」と呼びかけました。

すると驚いたことに、女性たちは「邪魔だから、社長がいなくなればいいんです」と口々に言うのです。社長はうつむいて言葉もありません。

アテが外れたところに例の女性が肩をいからせ堂々と入ってきたのを見て、さすがに目眩《めまい》がしました。結局その二ヶ月後に会社は解散、男性に紹介した弁護士が業務妨害で訴訟手続きに入り、最終的に金銭で和解しました。

男性ストーカーが女性のプライベートな空間を攻撃することが多いのに対して、女性ストーカーは男性の公的な場面を狙う。弱りきって金銭を払おうとする男性が多いのは、「男としての責任」という古風な考え方があるからかもしれません。

とにかく、お金と愛は別物と言うように、金銭の話が出てきたら解決は早いとも言えます。

相手の娘への嫉妬

A子さんは車の販売営業が仕事のキャリアウーマンで、早くに親を亡くしたため高校卒業後ずっと自活してきました。ある日、三〇歳近くも年上で定年間近の男性Bさんとテニスサークルで出会います。

互いに独身でしたが、Bさんには女性と同じ年の娘と年下の息子がいた。子供たちが幼い頃に妻を亡くし、男手ひとつで育てたことから父子関係が緊密で、A子さんとのデートの間にも娘や息子とメールでやりとりするほどでした。

交際から二年経ち、A子さんは「そろそろ結婚を」と切り出しましたが、一向に返事がない。愛想が尽きて「別れたい」と告げると、Bさんは「希望を捨てちゃいけない。必ず一緒に暮らせる」と彼女の腕をつかんで離そうとしない。

ところが、A子さんがもう一度やり直すと決めた途端に、Bさんがデートの約束を破って娘のピアノの演奏会に息子と行った。「それを知って、ふつふつと憎しみが沸き上がってきた」そうです。

ある日、A子さんは娘の職場に突然姿を現します。「私はあなたのお父さんと交際している者で、相談があって来ました」。娘は慌てて父親に電話し、「あんな人、どこがいいの？」と食ってかかりました。

「そしたら、あの男が電話で『俺を裏切ったな』って言うの。どっちが？ですよ。せせら笑って、『これからが楽しみね』って言ってやりました」（A子さん）

それからはBさんの職場と自宅、息子のアパート周辺にもしばしば姿を現し、「お前の化けの皮をはがして、息子や職場、近所の人にも見せてやる」と言うようになります。私がBさんから相談を受けたのはその頃でした。

A子さんに電話すると、「あなたは彼の回し者だから、会いたくない」と言います。私はそういう時、依頼者の身辺に危険がないと分かれば一旦退くことにしています。「分かりました。では、私は降ります。ただ私は、恋愛に振り回されているあなたも救われてほしい。頭に来るのは分かる。でも彼は失礼で軽薄かもしれませんが、悪人ではない。息の根を止めるようなことをしていいわけではありません」

そう言って切り上げました。Bさんは、「ひどいじゃないですか。私を蔑《さげす》むのはいいとして、事件から手を引くなんて。私は彼女に良くなってほしいし、立ち直るためのカウンセリングが必要だと思っているんです」と私に文句を言いました。

「今はA子さんは私を敵だと思っているので、私からは連絡しません。彼女から私に連絡があるのを待ちます。そうでないと、介入の効果はありません。その間、あなたのすることは二つ。一つは、彼女から連絡があったら『小早川さんに、どちらか一方の話だけなら聞けないと介入を断られた』と言うこと。二つ目は、彼女が会社に来たら『ここは職場だから、帰らなければ業務妨害で警察に通報する』と言うことです」

数日後、私のところにA子さんから「実は小早川さんと話をして初めて少し楽になった。気持ちを分かってくれたから」という内容のメールが届きました。

それから数回、彼女はセラピーを受け、子供の頃を思い出して言いました。「大人は『良い子にしていなさい』と言うばかりで、誰も自分の内面にはかまってくれなかった」。

A子さんの中にまだいる小さな子は三〇年間、孤独のままに生きてきたようです。

「もう大丈夫だよ、とその子に言ってあげて。それからその子をあなたの胸の中に連れてきて、優しくしてあげましょう。これから、ずっとね」

A子さんが頷き、セラピーは終わりました。

「私も彼のような父親が欲しかった。私は完全に孤独。自分が哀れです……」

その後、Bさんと和解書を交わして別れたA子さんから、「最近は公園を歩くのも楽しいし、今まで自分が何をしていたのかな、と思うんです」と弾んだ声が届くようになりました。

自分を嫌いか、好きか

介入する時、加害者には一旦クールになってもらう必要があります。このケースでは「では、私は降ります」という一言が彼女の熱を冷ましました。ただし、身辺に危害を加えようとしているなら、どんなに熱くても直ちに腕をつかみ上げなくてはなりません。私たちでは抑えきれず、警察力を借りるしかないケースもあるので、介入時にはその見極めが最も重要になります。

ストーキングの最中、加害者は相手に怒っていながら、本当は自分のことも怒っています。怒りは何かの結果ですから、その根を断つことが肝要です。

原因が消えれば、自然に怒りは消えます。A子さんの自分への怒りの原因は「孤独」であり、人生への不満でした。自分の過去に強い不満がある人は加害者にもなりやすく、自らを憎む熱を帯びて、カッとなって暴力的になりやすいのです。

ストーキングはしてはならない行為ですが、「目覚め」のチャンスでもあります。私は目覚めの出口まで、加害者あるいは被害者と一緒に歩きながら、二つに一つの選択を要求します。

それは「自分を嫌いか、好きか」で、この選択に中立はありません。自分を好きではない人は不幸製造機のようなものです。

自己愛の強さはあくまで虚像の自分への愛であり、その虚像を一緒になって支えてくれる賞賛者を常に必要とします。相手がほめてくれなければ、不機嫌となり、空虚なプライドがちょっと傷ついただけで、切った張ったの騒ぎになるのです。

ストーカーは自分の不幸を失恋のせいにしますが、そうではなくて、相手を追い求めているから不幸なのだ、と考え直してみることです。

特定の誰か、お金、仕事、美しさ――何であれ、追い求めているうちは満たされることはないのです。追い求めること自体が、我が身の不幸を確認し続けることになるからです。ストーキングは不幸を味わいながらする行為です。

不倫相手とその妻を標的に

女子大学院生と不倫交際していた大学教師が、妻に伴われて事務所にやってきました。

「彼女が大学院を卒業したら不倫も終わる、と思い込んでいたのに……」

しかし、院生は教師が離婚すると思い込んでいたのです。院生は結婚を要求。教師が突き放すと大いに腹を立て、寝物語で聞いていた妻の悪口を教師の自宅に匿名で送りつけました。「あなたはこんなに嫌われているんだから、別れなさい」という内容に、妻も大きなショックを受けます。教師は「もう二度と彼女には会わない」と妻に約束しました。

その後しばらくして、また妻に大きな封筒が送られて来ました。調査会社の報告書で、院生のマンションから二人連れ立って出てくる写真が同封されていた。妻が問い詰めると、教師は「すまない。待ち伏せされて無理やり連れて行かれた」と謝りました。

彼女は、調査会社に依頼してまでも、妻に自分たちの親密さを誇示しようとしたのです。私は院生に会って話しました。

「今のままでは、奥さんから訴えられますよ。先生があなたを簡単に切ろうとしたのはショックだったでしょう。でも、無関係の奥さんを巻き込んだのはよくない。何を望んでいるのですか？」

「こちらも命がけなので、ご自由に。私は先生と奥さんを破滅させます。奥さんがダメな女だから先生は私を必要としたし、その代わりに私が先生に尽くしてきた。感謝されたいくらいです。奥さんが私を訴えるなんて恥の上塗り、先生の破滅ですよ。私は先生が離婚して、私と結婚すること以外は何も望みません」

私は「破滅させる」と繰り返す女性に、教師と三人での話し合いを提案。ただし、それまでは絶対に彼と妻に近づかないという条件付きです。

女性には花を持たせる

女性の場合、「過去を美化する」ことが別れる力を底上げします。

男性は「結果オーライ」でよくても、女性は被害者であれ加害者であれ、別れた後、自分がどう思われるのかを気にするように見受けられます。ですから女性が相手と離れる決断をする時は、「こんな結果になったけど、付き合っている時は確かに愛し合っていた」ことを関係者全員で認めるようにします。

事実としては大いに苦しい交際だったとしても、相手のすべてを嫌っていたわけではありません。いい部分をクローズアップし、二人の心にそれを焼き付けて別れるようにする。要するに、花を持たせるのです。

「彼と美しい過去を共有している」という認識は女性を再犯から守ってくれます。どんなに悲しくても、恨みがぶり返しても、「でも愛し合っていたんだから、この思い出は大切にしよう」と考えればストーキングの繰り返しを避けられるのです。

この教師に抱いていた憧れや交際中の楽しかった思い出などを一緒に話すうち、院生が失いたくないもの、本当に欲しかったものが何かが見えてきました。

「ろくに論文を発表しない教授もいますが、先生は地道に論文を発表して、教え方も素晴らしかったので尊敬していた」

「付き合っている時はやっぱり嬉しかった。君がいないと生きている張り合いがない、とまで言ってくれた。それが突然、君との関係はファンタジーの世界だった、って言われて愕然として……私はリアルに付き合っていた、何がファンタジーよって」

「先生がいなくなっても困りません。でも、失いたくない。私は先生のような人になれるはずがありません。どう見たって仕事も恋愛も展望がないし、頑張ったところで結果は分からないし……。でも先生といると自信が持てた。素晴らしい先生に必要とされている、そう思うと安心できました。だから、こんな素敵な関係をぶち壊した先生に腹が立つんです。関係をやめるのは許さない。終わりにするなら、社会的に殺します」

院生は、彼のように大学で学生を教える立場になりたかったそうです。けれど自分が大学教師になる自信はない、そこに彼がコロリと手に入ってしまった。だから、別れたら自分には何も残らないと怯え、彼が自分のことを優先してくれないのは不当だと怒っているのです。

私は、「頑張って先生を見返してやれば？」と水を向けました。「結果が分からないのは、当たり前ですよ」と言うと、初めて「頑張るなら死ぬ気でやってみたい。学問の業績で尊敬される人になりたい」と、自分の気持ちを確かめるようにつぶやきました。

それが、彼女にとってのストーキングからの出口の先の光景でした。これなら生きていてもいいな、と思える未来がチラリと覗けるくらいに、扉はいつも少し開いています。カウンセリングの役割はその扉探しを手助けし、新しい空気を入れることです。

彼女は、自信のなさや孤独から目をそらしていました。教師は彼女にとっての「鎧」でした。自信がないのは当たり前、という新しい目で自分自身を見つめることができた時、そういう自分と一緒に頑張ればいいのだと思えるようになったのです。「最後はちゃんときれいに先生と別れたい」、彼女はそう言いました。

相手の「こだわり」への回答

ただ、この教師は、結婚は断ったが「もう好きではない、別れたい」とは伝えておらず、謝罪もしていませんでした。「謝れば、私がいい加減な人間だと認めてしまう」と渋りましたが、私は「客観的には『いい加減』なんです。そこは事実として認めて謝罪すべきでは？」と言いました。

院生は、私の事務所で教師に別れの挨拶をすることをすでに決めていました。もう別れると決めたのなら振り向く必要はないのでは、と思われるかもしれませんが、私が時々人間の面倒臭さと哀れさを感じるのはこういう時です。

「はじめに」で述べたように、ストーキングから出ていくには「扉」に差し込むべき「鍵」が必要で、それは疑問や文句に対する特殊解です。つまり彼女の場合、追及（seeking）の前に探究（searching）が起き、自分の内面の弱さや孤独に気づいて、それが本当の問題だと分かった。扉の先の景色まで見えかかっていて、心は浮き立ち始めていた。しかし、それでも、seekingの手順を抜かすことはできません。

教師にとって苦痛な作業だったと思いますが、院生の疑問に答える機会を作りました。その回答が薄情に感じられるようなものでも、正直に話してくれたことで相手が自分を信頼してくれたと感じ、癒されるのです。

答え次第では、「傲慢」「残酷」「上から目線」だと怒りをエスカレートさせる人もいますが、答えを隠しても解決しません。そんな時、私は「傲慢で残酷なら、そんな人から離れればいいのでは?」と言います。「人は傲慢でも、上から目線の人間であってもいけないわけではない。自由なのです。他人の人格について『間違っている』と言うのはお節介です。つらい相手なら離れればいい。残酷なら逃げればいいのです」。

そう言うと、加害者の大半は「身もふたもない、どうしようもない女だ」という目で私を見ます。それでも中には、「新鮮なことを言う」という表情をする人もいます。

この院生の疑問は、「なぜ妻と別れないのか」でした。それを「馬鹿なことを聞くな」と頭ごなしに無視してはなりません。ただ、無理やり答えを用意する必要もないのです。分からないなら「私には分からない」という返事で十分です。あるいは「私には分からないが、状況はカクカクシカジカだ」という説明が、そのまま答えになります。

もともとストーカーは人間に対する不信感にとらわれています。その問いの根底にあるのは、「相手に裏切られていたのでは?」という猜疑心です。騙されることに常に怯えている彼（彼女）らが本当に欲しい回答は、「あなたを信頼して、自分は本心を言っている」というメッセージであり、言い訳でもなければ、ご機嫌とりでもありません。「なぜ奥さんと別れないの？　あんなに嫌っているのに」と問われても、分からないことには答えられない。世の中は理屈でできてはいないし、言葉で言い表せない関係などたくさんあります。しかし、「夫婦って、なかなか別れられないものです」という一般解では効果はない。自分に対する相手の正直さを特殊解として求めているからです。

だから、本心を言うだけでいいのです。「私には分からない。ただ、私には妻が必要なんです」と。それでも「なぜ妻でなければだめなの？　私ではダメなの？」と問われたら、「理由は分からない。必要なのはあなたではないんだ。自分の意思ではどうしようもない。本当に申し訳ない」と答えます。

彼女は、心の中に新鮮な空気が入り込んで来るのを感じることでしょう。でも少しさみしいから「私は必要ではないのね」と悲しげにつぶやくかもしれません。その時、慌てて「君は僕にはもったいない、もっといい人がいる」などと説得してはいけません。途端に「ごまかしている」と、根底にある猜疑心に火がついて元の木阿弥です。黙っているか、「申し訳ない」でいいのです。

第三章　タイプと病態をどう選別するか――「依存症」と「病気」の狭間で

「破恋型」が八割

ストーカーについては、「度を越した求愛者」「未練がましい失恋者」「人間に対する依存症」「殺人者予備軍」など、様々に語られてきました。

しかし、どれも定義としては正しくありません。

全ての求愛者や失恋者がストーカー行為に及ぶわけではありません。殺人者予備軍というのも極論で、実際、警察に認知されたストーカーのうち、殺人や傷害などの重大犯罪を起こすのは全体の一・七パーセントにすぎません。

すべての人が警察に相談しているわけではないので、その数倍以上もの潜在的母数を考えたら、ずいぶんと極端な見方です。

諸澤英道氏（犯罪被害者学）によると、ストーキングとは、「正当な理由なく故意に悪意をもって繰り返し相手をつけまわし、待ち伏せや監視などによって意思を伝達しようとすることで、相手に不安や恐怖を与える行為」（社会的に正当な業務を除く）を指すそうです。

私が関わったストーカーも、しばしば「相手に生きていてほしくない」「死んでほしい」みたいなことは言いますが、現実感を持って殺人を考えている人はごくごく一部で、そのぐらい苦しいのだ、ということを吐き出しているだけなのです（もちろん、「死んでほしい」とはカウンセリングルーム以外で口にしてはならない言葉ですが）。ストーキングしながら、頭の中では相手の健康を気づかっていることも珍しくありません。

ストーカーの多くは、元交際相手か元配偶者を追い求めるという「破恋型」ストーカーで、私のところでは全体の八割を占めます。

これに対して、相手との付き合いがない場合でもストーキングは起きます。見知らぬ相手からのストーキング（イノセント型）、著名人に自分をアピールするストーキング（ファン型）、社会的地位のある人に近寄るストーキング（エグゼクティブ型）などです。

ファン型ストーカーでは、以前はもっぱら有名人が狙われましたが、最近はブログやフェイスブックで知った人に一方的に好意を寄せ、返事がなかったり素っ気《そっけ》なかったりすると、突然ネット上で誹謗中傷などを始めるという例が増えています。

リアルではない、ネットの世界で関係を作り始めた人間による新たなストーキングの形です。「一対多」関係を「一対一」関係に持ち込みたいという心理ですが、最近はネットを介した一対一の交際から、ストーカー事件を起こす事例も出てきました。

二〇一三年八月、神奈川県警に逮捕された一五歳の少年は、前月にツイッターで知り合った少女と交際していましたが、少女が投稿しなくなったことから「別れるなら死ぬ」などの投稿を繰り返すようになります。少女が警察に相談すると、今度は「追いかけて捕まえてやる」などと内容がエスカレート。神奈川県警のストーカー対策チームは、関西に住む少年の地元警察に口頭注意を頼みました。

ところが少年はすでに行方が分からず、少女の自宅に近づいていることが分かった。直ちに生活安全課が駆け付け、銃刀法違反で現行犯逮捕しました。少年は、「彼女を説得して、ダメなら一緒に死のうと考えていた」と言ったそうです。

ツイッターの中だけの交際が殺意を呼ぶとは驚きますが、ストーカーの低年齢化傾向は、SNSでのバーチャルな交際がもはやバーチャルとは言えない状況に比例しているように思われます。

「破恋型」の場合、話を聞いていると、ある日突然「ストーカー」になったのではなく、実は交際中も苦しい相手だったことが分かります。見栄《みば》えのする相手を選びながら、自分にはないものを持っていることに日々劣等感が刺激されて傷つく。好きだけれど憎い、という当人も予想外の心理に陥ってしまう。

半年ぐらいも経つと次第に、暴言を吐く、物に当たる、人前でバカにする、勝手にメールを見る、社交を制限する、親の悪口を言う、常に優位に立ちたがる、馬鹿にされるのを極端に嫌う、猜疑《さいぎ》心が強く何でも人のせいにする、ほめていないと機嫌が悪くなる、機嫌が悪くなると物にあたる、といったことが顕われてきます。

そうやって自尊心を傷つけ、罪悪感までかきたてるのは、相手が自分から離れて独立する気持ちを削《そ》ぐための企《くわだ》てなのです。

「うぬぼれるな、お前の仕事なんか格好だけで中身がない」、「会社が有名なだけで、あなたが立派なんじゃない」「野望と野心しかない人」などと悪口を言います。

「別れ」が「負け」を意味する時

予備校で講師をしている男性と交際している大学教員の女性から、こんな相談を受けました。

「彼は友だちには私の職業を自慢するのに、二人でいるときは正反対で、本を読んでいると気分が悪いと怒りだすし、電車の中で雑誌を読むことも許してくれない。私、彼が言うように嫌な女なのでしょうか。別れたいのですが、言い出せません。別れるなんてわがままでしょうか」

誰だって交際相手と会わない自由も、別れる自由もあります。

「そしたらきっと、職場にまで迷惑がかかります。『お前みたいな悪どい偽善者を雇うこと自体が罪だ。それを大学と学生に教えてやる』っていつも言われてるし……」

彼女のように、精神的暴力が長く常態となっていると、被害者だという自覚も持てなくなります。私は、そういう人には話を聞きながら、大げさに驚いてみせます。そこでようやく「専門家も驚くなんて、やっぱり私は被害者なんだ」と気づくのです。

次いで怒りの感情が出てきますが、恐怖を跳《は》ね返すには怒りのエネルギーが必要なのです。この女性は、まだ外部に相談ができるだけの精神的余力があったので一歩手前で救われましたが、精神的支配が進行すると、助けられたいとも思わなくなります。相手と同居していると極端な場合、家から一歩も出られなくなる。いわゆるマインドコントロールで、ここまで来ると被害者の救出は極めて難しくなります。

そこまで被害者が怯えるのは、相手が自分を悪者と思っていて、どんな復讐をされてもおかしくないと考えているのが分かるからです。多くのストーカーは、別れを悪と思い込んでいて、もし別れるならば、両方が納得するまで話し合うべきだと言います。両方の合意で始まる男女関係が、一方からの申し出によって終わりになるという現実が受け入れられません。一方的に「別れ」を告げる相手は「人としておかしい」のであり、「言われた自分は被害者」で、「負けた」「相手に見捨てられた」と解釈する。その解釈が怒りとなり、体全体を支配していきます。

そうなるともう他のことなど考えられず、寝ても覚めても相手のことを考え、まるで支配されているような錯覚にさえ陥り、もっと相手を憎み、愛着しながら攻撃し続ける。最近は、関係が終わる時だけでなく、関係を始めようとした時にストーキングが始まるケースも増えました。交際を拒絶した女性の靴に毒物を入れた事件がありましたが、これは男性に多くみられる症例で、私は「破恋型」に並べて「拒絶型」と呼んでいます。交際に限らず、何かを断られたというクラッシュによって激しく相手を恨み、攻撃を加えるタイプです。

高齢男性によるストーキングには、拒絶型が多いようです。高齢の女性はスパッと拒絶できる人が多く、これが男性の自尊心を傷つけてしまうのです。短絡的思考と攻撃性は拒絶型の特徴です。殺人にまで至らなくても、突然殴られたり、名前を騙《かた》ってネット上に卑猥な書き込みをされたりという例は年々増えています。

「愛してる」と「信じていい?」の落とし穴

「破恋型」のストーカーは、相手に去られると初めのうちは何をしていても上の空で、「彼(彼女)が戻ってくれさえすれば、すべてうまくいくのに」と考える。しかし、どんなに頼んでも戻って来ないと徐々に切迫してきて、「戻ってくれないと、生きていけない」と四六時中イライラしだす。

相手のことばかり考える状態は薬物やアルコールの禁断症状と同じで、何とか相手を「摂取」しようとする足掻《あが》きがストーキング行為になる。

その苦しみから手っ取り早く解放されるには依存対象を取り戻すことで、それが「最後に一度だけ会いたい」とか「別れても友だちでいたい」という言葉になります。

こういう体裁のいい言葉を信じてはいけないし、それに応じる意味もない。愛とは違う愛着の心理です。愛着というのは自分に必要だから熱中して追いかけるという心理で、愛とは違います。

ドストエフスキイの名作『カラマゾフの兄弟』には、「愛していなくても惚れこむことはできる」という言葉が出てきますが、いくら自分が惚れ込んでいても、愛していることにはならないのです。

熱に浮かされて「愛してる」と言ったら、別れる時に「愛しているって言ったのに、嘘つき！」と言われかねません。「あなたがいないと生きられない」とか、「もてあそばれた」と責め立てられ、社内恋愛ならセクハラとかで会社に訴えられることにもなる。愛着と憎しみはコインの裏表です。追いすがりから復讐という行為に舵を切りはじめるのです。

そもそも「愛する」という動詞が混乱のもとで、「愛」は「する」ものではなく、「空腹」や「貧しさ」と同様、状態を表す言葉です。どうしても愛という言葉を使いたいなら、男性であれば「僕は今、あなたに愛を感じています」が正確だと思います。

季節が移り変わるように、人の気持ちは刻々と移ろいます。「残念だけど、今はもう君に愛を感じない」と言うのは正直です。丁寧に言えば刺激も少ないはずです。

本当に信頼関係があれば「信じている」とわざわざ言わないものです。交際相手に

「信じていい？」と聞かれたら、「それは自分で決めてね」と答えるのが正解です。「信じて、大丈夫」は後で命取りになります。

「信じている」と口に出すのは、多くの場合、不信感がある時です。「信じていい？」と聞くのはすでに信じていない証拠です。自分を棚に上げて「私を愛していると信じさせて、言葉だけでなく信じられる証がほしい、奥さんと別れて」などと要求するのは見当違いで無理な相談です。

ストーカーはよく、「信頼関係を壊したのは相手だから、信頼関係を取り戻す努力をしろ」と主張しますが、信じるも信じないも、相手の言動に対する自分の心理的反応ですから、信じられなくなったという結果も、自分で責任をとるしかないのです。

ストーキングしながら、「相手からなかなか電話が来ない、誰かが止めているのかな」とか「メールアドレスを変えたのは拒否の意味じゃなく、頭が変になっているのでは」などと言う人がいます。

私が、「電話して来ないのは、誰かが強制しているのでも交通事故に遭ったわけでもなく、単にあなたに電話したくないだけのこと。アドレス変更は『別れたい』という意思表示だということよ」と真実を伝えると加害者はすごく嫌な顔をします。

彼らは往々にして、本当はまだ愛されているかも、と考えていますから、私が「嫌われていますよ」と言うと、「嘘だろう?」と抵抗しますが、「でも、相手と会って話をしているし……」から、やがて「もしかして本当に嫌われていて、何をしても絶対に戻ってこないかも」と考えるようになります。

ある男性加害者は、「全ての女性が信じられなくなったのは彼女のせいだ。その責任を取らせたい」、「別れると言った時の冷淡な目つきが許せない。俺は見下された」と怒りました。

もともとプライドが高い人ほど傷つきやすく、傷つけば必ず相手のせいにします。「あなたは彼女の謝罪には心がこもっていないと言うけど、そういう相手と出会って付き合ったのは自分、その結果も自分の責任でしょう」と私が言うと、「小早川さん、今、僕を傷つけていることに気がつきません? あなたも彼女と同類だ。あなたは強いからそんなこと言うけど、強くない人間もいる。そういう弱い人間を踏みつけた女が許せない!」と被害者然としてさらに攻撃的になります。

この男性が求めるのは、「誠意」ある謝罪、「人としての」思いやり、そして別れても「信頼関係のある」友人でいることでした。

恋も友情も、両方で薪《まき》をくべないと消えてしまうもの。自分だけ一生懸命に火をおこそうとして、相手が応じないと文句を言うのは筋違いです。それを非難したから種火まで消してしまった。それも全て自分の責任でしょう」と言うと、黙りこんでしまいました。

実存的な生きる安心

プライドが高くて傷つきやすく、自分を抑圧してきた人は、他人のことも批判の目で見ます。批判するには正義を盾《たて》にするのが最も簡単で、「約束を守れ」「無視するな」と常に自分を正当の位置に置きたがる。その意味ではストーカーは実に律儀で、まるで教師のような態度で「誠意」「信頼」「道徳」「人として」といった言葉を多用します。けれども実際にしていることはストーキングですから、外から見れば、言葉と行動が反比例しているような自己矛盾をさらけ出しています。

別れた相手に対して道義的責任を求めているつもりで、「生きていてほしくない」、「会社を辞めてほしい」などと自己犠牲を求めるのは、法律の世界でも道義の世界でも認められません。もちろん、「二人の信頼関係を取り戻せ」も「心の傷を治せ」と同じように不可能な要求です。

「破恋型」ストーカーの中には、相手がいなくなってしまったことでパニックを起こして、薬物依存の禁断症状のように制御不能の状態に陥っている人がいます。特徴的なのは依存対象を破壊していくことです。

交際中は逃げられないように支配していたのが、その相手が逃げ出すと、「あなたがいないと生きていられない」と追いすがり、それでも戻らなければ「死にたい、死んでもらいたい」と言い出して相手を苦しめ、果ては「殺したい」とまで考えてしまう。

そこまで相手によりかかろうとするのは、独りで生きることへの不安が極端に強いからだと私は考えます。それは学歴や社会的地位、収入とは関係ありません。

程度の差はありますが、人が酒や薬物に手を伸ばす時、「情動的喜び」（退屈からの逃避）を求めています。それに対してストーカーは、「実存的な生きる安心」を求めている。つまり、独りで生きること自体に強い不安があり、安心を過度に求めているように私には見えます。彼らが「自分なんか生きていていいのか」と口にするのは珍しくないことで、「あなたは生きる価値がある」と、誰かに承認してもらわないと不安でしかたないのです。

「別れたい」と言われ、懇願しても引き止められないと分かると、攻撃を強めて恐怖で支配する。無意識のうちにありとあらゆる口実をこしらえ、異議申し立てをすることで何とか相手との関係をつなぎとめようとします。

そこで突然、相手から遮断されたり、警察に介入されたりすると、一気に恨みが増幅させて攻撃欲求を高め、相手を破滅へ追い込もうとする危険性がある。時には傷害事件、さらには殺人事件を引き起こします。これがストーキングの最悪事態です。

ですから私はストーカーが警告を受ける前に、「今のままだと警告されますよ」と忠告しておき、警告が出る時は被害者に隠れてもらったり、加害者を見張ったりもします。

第一信号系と第二信号系の「摩擦」

国立病院機構・下総精神医療センターの平井愼二医師は、「依存は治らない、回復するしかない」という定説に対して、「依存は治る」と言明されています。まず、「依存症」と呼ばれる病態とはどういうものか、平井氏の説明をもとにそのメカニズムをまとめてみます。

ヒトの脳には二つの中枢があり、一つは第一信号系と呼ばれ、「防御」「摂食」「生殖」

という次世代を作るための〝本能行動〟と〝適応行動〟をつかさどる。動作、自律神経、気分など動物が生きることに深くかかわります。もう一つは第二信号系と呼ばれる中枢で、いわば〝思考〟の場ですが、他の動物にはありません。

ヒトは本能を満たす行動の結果、生理的報酬を得ます。これが、繰り返し行動（第一信号系内の反射連鎖で成立する行動）を成立させます。したがって第一信号系の反射連鎖の作動が第二信号系における反射網の作動、〝思考〟を超えて過度に働くと、社会的逸脱行動をもたらします。

〝本能行動〟が過度に作動すると、過度な「防御」反応としてＰＴＳＤ、パニック、反応性抑うつ、自傷行為、放火が現れる。過度な「摂食」反応では過食、病的な賭博や窃盗など。過度な「生殖」反応は、露出、痴漢、強姦となって現れます。

また、同じく過度な〝適応行動〟としてよくあるのがアルコール、ニコチン、覚せい剤などの「物質摂取」です。これらの薬理作用がもたらす生理的報酬によって摂取までの行動が定着し、反復されていきます。

〝思考〟もまた、生理的報酬を作ることができます。それは「目標設定と達成」です。例えば、何か目標を立ててやり遂げた時は最後に生理的報酬が生じ、その行動が反復されやすい。つまり、頑張り屋さんは次も頑張るのです。

その一方で悪い現象としては、おそらく強迫症状もこのメカニズムで反復されることです。手洗いを止められないという人は、丁寧に隅々まで長時間かけて手を洗い、一定の方法でしっかり終えた時に生理的報酬を得られる。だから、決まった方法で長時間の手洗いを反復することになってしまうというのです。

こうしたメカニズムが「依存症」の正体であり、ヒトが第二信号系の中枢、思考の場を持つこと自体に問題の根があると言えそうです。以下、平井氏による「条件反射制御法」について簡単に紹介します。

例えば、まず、「私は薬物（アルコール）はやれない」と言いながら胸に手を当てた後、親指を外にして拳をつくり、次は中にして拳をつくるなど、本人には特別でも他人は気づかない簡単な動作を、約二週間で二〇〇回以上反復します。すると、「抑えきれなかった行動を止める負の刺激」を意図的に持つことができるようになります。

次に、薬の入っていない注射器（あるいは水を入れたワンカップ）を摂取した後、朝起きてから依存対象を摂取するまでのプロセスを、目をつぶって詳細に思い出させる。これを、同じように二週間ほどかけて二〇〇回以上繰り返します。このように、治療対象とする行動を生理的報酬が得られないまま反復すると、やがて患者は逸脱行動から離れていくことができるといいます。

平井医師によると、「欲求とは、第一信号系の反射連鎖と第二信号系の反射網の摩擦」であり、その摩擦がなくなれば、欲求もなくなるというのです。この療法は薬物依存者の矯正施設ダルクでも採り入れられており、実際に病院を訪ねて目にした数々の治療症例には、私も目を見張りました。

私は、被害者の代理として加害者とのやりとりを反復していますが、それは、加害者に「負の刺激」を持たせながら、「生理的報酬の得られない」疑似ストーキングをさせることであり、彼（彼女）らの第一信号系の反射連鎖を低減させていたとも考えられます。そして先述のように、加害者に自分の孤独を受け入れさせるという「思考」に働きかける心理療法を、経験的に連動して行っていたということかもしれません。

平井医師は、ストーキングは生殖という本能行動が基盤となっていると考えています。相手に連絡や追跡を繰り返すのは、「対象に接近して生殖する」という先天的な反射連鎖の一部か、あるいはそれに加えて後天的な反射連鎖（交際中に成立したもの）の一部が現れたものだといいます。

つまり、ストーカーの第一信号系は相手に接近して生殖行動を行う方向に進んでいるのに、第二信号系の反射網は相手の拒否を把握する。二つの信号系の間に起きるこの摩擦は当人にとっては非常に苦しいもので、怒りにしばしば結びつく。すると初めは好意を持っていた相手を標的として、今度は理不尽な攻撃に転じるのです。

サイコパスにはない「愛着」の心理

他人に対する攻撃には、「道具」としての攻撃、「反応」としての攻撃、の二つがあります。前者は財産や地位などを狙って使われる道具としての攻撃で、執拗なイジメやパワハラが該当します。後者は思い通りにならないことへの不満や不安に対する感情的で衝動的な攻撃で、カッとなって暴力をふるうなどです。

認知神経科学者のジェームズ・ブレアは、『サイコパス　冷淡な脳』（福井裕輝訳）の中で、異常な攻撃を行う人には、

①生物学的レベル（遺伝、脳神経、神経系の機能など）
②認知レベル（社会的応答や脅威に対する回路、情動学習など）
③行動レベル（驚愕反応、攻撃、社会的行動など）

という三つのレベルにおいて問題があると指摘し、その連関が攻撃行動につながると説明しています。平井医師の取り組みは、これらの連関に働きかけるものとして注目されます。カウンセラーとしてできることを確立していくため、医療による治療法の提示、そして臨床経験による指導を求めていきたいと思います。

ちなみに、ブレアは、サイコパスには「反社会性人格的行動を示す人々のなかでも独特の病理を有していて、情動の欠如」があり、「極度な反社会的行動を繰り返す危険性がある」と述べています。

他者への共感や恐怖心の欠如、言い換えれば、不安も計画性もなく、冷酷で激しい罪を頻繁に犯していながら後悔しないという人物像がイメージされます。

サイコパスには「愛着」の心理が形成されていないとも指摘しており、ストーカーが「愛着」にとらわれているのとは対照的です。

依存症とストーキング病

ストーカーは精神的な病態に陥っていて、重い場合は、罪悪感の欠如、虚言、冷淡、残酷などの特徴が見られます。社会的に立派な仕事に就いている人もいれば、寄生的で放逸な生活を送っている人もいて、私の経験上、その両極端です。

加害者のカウンセリングをすると言うと、「そういう人って、治るものですか?」とよく聞かれますが、「病態」というのは「病気」とは異なる概念です。医学的に言えば「神経症」であり、狭義の「精神病」ではありません。

乱暴な喩えですが、精神病では1＋1＝3だと言い切り、神経症は1＋1＝2であることに不安、というくらいの違いがあります。

カウンセリングは神経症までは扱えますが、狭義の精神病に対して施してはならないといわれています。カウンセラーが目指すのは治療ではなく、対象者が病態から離れること、病態がとれることです。1＋1＝2であることを自然に受け入れるには、不安や疑念の色眼鏡を外すことが必要で、一人ではできないところを手助けします。

妄想や幻覚、幻聴などの精神病の特徴が見受けられる場合は、医師の診察につなげるようにしていますが、「病態」は「病気」の素地ともなり得るもので、両者の間には深い溝があるようで、地続きであるとも言えるでしょう。

誰でも、誇り、友情や信頼などを失って途方に暮れている時、ふと目の前に橋が渡されると、簡単に彼岸に渡ってしまうことがあります。ですから、病態に気づいたら放置せず、早期にカウンセリングにつながるべきなのです。

「はじめに」でふれたように、私は、被害者であったという怒りからこの仕事を始めました。しかし、仕事の中で加害者と会い、話をするうちに怒りは薄れ、考えが大きく変わったのです。「不思議だ、この人たちにはどこかで会ったことがある……」。

私は三〇年前の自分の過去、交際相手に対するDV（主に精神的暴力）とストーカー行為を思い出したのです。「私自身も、加害者だった！」、それは衝撃的な気づきでした。目の前の加害者たちと昔の自分との共通点に気づいた瞬間でした。

はるか以前の不安でたまらない日々（不安でたまらないから相手を苦しめていた）、相手に別れを告げられた時からの煮え湯を飲まされるような日々（相手が戻れば、全て解決すると信じていた）を、思い出さずにはいられませんでした。

私はしばし呆然としました。被害者としてのアイデンティティが消えた瞬間でした。単なる怒りではこの問題は解決しない、DV、ストーカーなどのハラスメントの加害行為は従来の犯罪動機とは異なるのだ、私はそう理解しました。彼らを完全に世の中から切り取って隔離などできるはずがない――そうであるなら、彼らの回復のための治療と治癒の仕組みが世の中には必要なのです。

私が被害者から相談を受ける時は、加害者と会うチャンスでもあります。自発的にカウンセリングを受けてくれるストーカーは少ないので、こちらから出向くようにしていますが、すべてのカウンセラーにそれを望むことはできません。

そもそもこの方法が正しいと考えないカウンセラーのほうが多いと思いますし、私自身も正しいとは言いきれません。危険でもあるからです。理想を言えば、警察が警告を出すのと併せて加害者にカウンセリングの機会を用意することです。そうした公的な仕組みが必要だと思います。

近頃は、警察から警告されて「自分はストーカーなのか」と驚いて駆け込んでくる人がいます。ある男性は数年前にストーカー規制法の警告を受け、また別の女性にストーキングしそうになり、「どうか僕を止めてください」と最寄りの警察署の相談室に助けを求めました。すると警官たちは彼を取り囲み、大声で叱りつけたそうです。「すみません、もうしません」と謝りながらほうほうの体で戻ってきたものの、「まるで犯罪者扱いで」と憤慨していました。威嚇は抑制にはつながっても、回復には寄与しません。

繰り返しますが、ほとんどのストーカーは殺人はしません。多くは殺人とは無縁な人たちで、殺人は稀な事案なのです。テレビで騒がれるのは殺人事件だけですから、それを見た人はストーキングと殺人の距離を近いものと考える。その結果、自分はストーキングと無縁で、ストーカーは異常者だと考えます。

　私は、ストーカーは殺人者予備軍ではないと考えていますが、それでもどんな軽微な相談事案でも、殺人を起こさせない覚悟だけは持つようにしています。まず命を守ること、そして被害者を恐怖から救い出すこと、という順番で対策を考えます。

　法律上の責任は「故意」と「過失」に分けられており、過失は故意が認定できない場合に「してはいけない行為だと普通なら気がつくはずだし、気がつくべき」だと責任を追及されることです。ストーカーの多くが警告されて初めて自分がストーカーであると気づく。その意味では彼らは過失犯なのです。それでも、警告が出て「はい、分かりました」と素直に反省するストーカーはいない。心の中は納得いかない思いでいっぱいで、「なんで私がストーカーなの？」という反応になります。

「警告」をする際には、彼らの言い分を聞き、心理的状態をよく見極めてストーカー行為に代わる解決の道筋を示す必要がある。頭ごなしに説諭しても意味がありません。

　反発するか、ますます自分を嫌悪するか、「結局、自分は不幸でダメな人間。こうなったのは誰かの責任で相手が悪い。自分だけが責任を取るのは納得できない……」という堂々巡りに陥りかねません。

ここで重要なのは、加害者がどの程度危険な精神状態にあるかを見抜くことです。私は、病態止まりのストーキングと、病気レベルのストーキングを分けて対応すべきだと考えます。ストーキングすることによって心理的報酬を得ようとする「ストーキング依存症」と、妄想的な恨みの感情に全身が支配され、殺意を肯定するまでに至っている「ストーキング病」に分け、異なる対応をしています。

ストーキング依存症者は、相手に「消えてほしい」「いなくなってほしい」とは言っても、「殺したい」とは言いません。もともと彼らの目的は、精神的に追い詰められた相手が美しいままで自分の手の中に落ちてくること、さもなければ「消えてほしい」。「消す」と「殺す」は異なる心理で、「消す」は文字通り目の前から消えてほしいわけで、その手段として「会社を辞めて」「引っ越して」「海外に行って」などの要求になる。「殺したい」ほどの憎しみは、病態どまりのストーカーにはありません。

依存症と病気の境界例

数年前、別れ話の最中に男性が包丁を持ち出して女性の手に無理やり握らせ、自らの腹部に突き刺すという事件が起きました。その女性が相談に訪れました。

「滴《したた》り落ちた血が雪を染め、彼は一人で歩き去りました。怖くて、途方に暮れながら寮に戻るとしばらくして警官がやってきて、彼が病院の医師に私に刺されたと言ったそうで、軽傷だが傷害罪に当たると言われました。でも懸命に説明したら、警官も『確かに彼の話はつじつまが合わない。包丁も自分で用意していたものだ』と言ってくれて……」

「彼も警察でありのままを話し、私に殺されるなら本望だと言っていたそうです。でも、それは違う。彼は私に復讐しようとしたんです。今もどこかで私を狙っている。それが怖いんです」

女性は立件されませんでしたが、話をしながらも体を震わせ、精神的にすっかり参っているようでした。

この男性は「ストーキング病」です。いつ再犯に及ぶかも分からないので、私は弁護士を介して謝罪と慰謝料を求める手続きの傍ら、相手の家族を訪ねました。彼の両親は「本当に申し訳ありません。まずは謝罪に伺いたい。でも、この先どうしたらいいのか私たちも不安で」と言います。

男性はこの数年ほとんど仕事もできず、うつ病で通院していましたが、投薬のみでカウンセリングは受けていませんでした。突発的に怒り出し、家の中で火をつけようとするとのことです。

私は、カウンセラーのいる精神科の受診を勧めました。両親はすぐに同意しましたが、彼は部屋に引きこもって一向に出てきません。結局、私から男性を訪ねることにしました。

男性の部屋に足を踏み入れると、頭から布団を被《かぶ》ったまま挨拶にも返事がない。しばらく座っているともぞもぞ動き出し、「彼女に会いたい」とポツリ、「俺は被害者……辛い」とも。

二度目に訪ねた時は若者らしい細面を見せたものの、女性のＮＯを伝えるとやはり納得できない様子です。

私は、二人の出会いから話を聞いていくことにしました。最初の出会いは職場近くのファストフード店。アルバイトの年上の彼女に憧れていたところ店の外で声を掛けられ、食事をするようになったそうです。

「初めのうちは何でも悩みを聞いてくれて、一生、ずっと一緒にいたいと思いました。

でも、僕がうつで仕事をクビになったら態度が変わった。彼女が善人か悪人か知りたくて、それが分からずに振り回された。腹が立って彼女を苦しめたくなり、もう死んでもいいと思った」

男性の気持ちはあまりに飛躍が大きすぎます。女性に会いたい理由も、善人か悪人かを確かめたいからで、それが分かったところでどうしたいのかも分からないと言う。これでは出口など見つかりません。

三度目に訪ねた時はまだ怒りの発作が起きると言いながらも、椅子に座って食事もとれるようになっていました。私は彼にこう問いかけました。

「一人の人間の中にはたくさんの召使がいる。それぞれに人格があり、その時々に決まった召使に家を任せている。そうイメージしてください。すると色々な人格が服を着替えるように交代で次から次に玄関に出てきます。あなたも私の前とお母さまの前では性格が違うし、気分や状況によって玄関に現れる人格が違う。人格、パーソナリティの語源はペルソナというラテン語でもともと仮面という意味なんです。つまり私たちはいつも仮面を付け替えていて、善人の時もあれば悪人の時もある。彼女もそうなのでは？」

「そうだとしても、捨てられたくなかった」と彼。

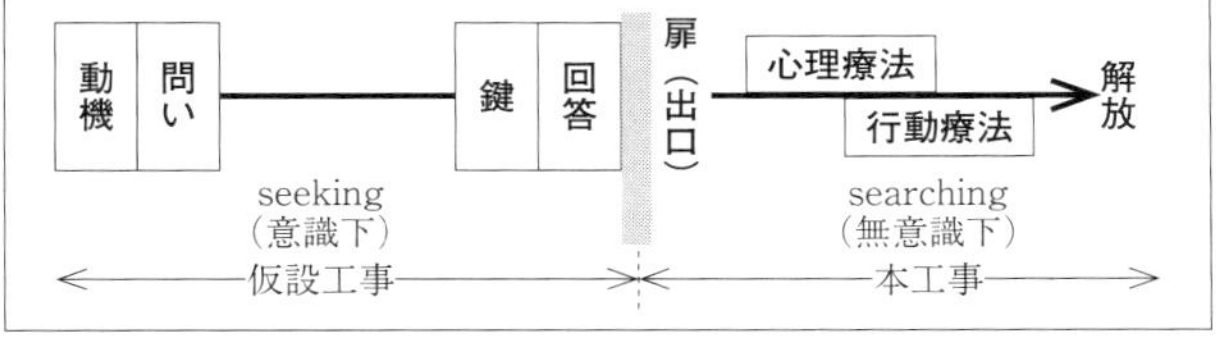

カウンセリングの概念図

「じゃあ、あなたは彼女が善人かどうかなんて本当は確かめたかったのではなく、離れられたくなかっただけ？　さみしかったの？」、「はい」

「寂しいと素直に言えなかった？」、「態度が変わった時、悲しい、と言えなかった。男だから」

「男だから、正直ではいけないの」、「はい」

「なぜ？」、「男だから――」

カウンセリングは、クライアントの建前を無視するのではなく、建前を検討しながら本当の望みを見つけていく作業です。建前というのは仮説であり、男性の場合は「彼女は善人か悪人か」という問題でした。

冒頭で述べたように、加害者には白黒つけたい「問い」があり、その回答を相手に求めています（seeking＝追及）。それを解決するのは、いわば本工事に入る前の大切な仮設工事なのです。本工事とは、自分の中で問題を探究（searching）していくことです。この男性の場合は、問いに答えも意味もないと気づいたことが「鍵」でした。彼は私につきそわれて医師のところに出向きました。

エネルギーを別に向ける

三〇歳で出産するまで、五人の男性と揉めごとを起こした女性がいました。

私が出会った当時は二〇代前半で、三〇代の男性をストーキングしており、相手の退社時間を見計らって待ち伏せしたり、会社に寿司を数十人前送り付けたりしたため業務妨害で訴えられ、女性は警察に呼ばれました。「今度こそ、私の人生を救ってくれる人だと思ったのに」とすっかりしょげていました。

彼女はもともと男性に対する要求が厳しく、「二四時間三六五日、私だけを気にかけてくれる」「仕事中も必ず一時間おきに電話をくれる」「私以外の女性とは口をきかない」人が理想だと言うのですが、それに応えられる男性などいません。

そこで男性が離れようとすると、「ずっと愛してるって言ったのに、約束が違う」「責任をとれ」「仕事をやめろ」と激しく男性を責めたてるのです。

買い物が好きで、「女王様みたいに扱ってくれないと腹が立つ」そうで、デパートの店員とも何度か喧嘩になりました。カウンセリングには予防効果がなく、私はひたすら事後対応に追われました。

それが、ひょんなことから彼女の行動が変わりました。もともと裕福な家庭の娘でしたが、家業が倒産して経済的基盤を失い、仕方なく自分でお金を稼ぐために仕事を始めた。仕事で知り合った男性と交際して子供を産んでからというもの、人柄が変わって驚くほど穏やかになったのです。

子供が生まれたせいもあるでしょうが、それよりお金の苦労という新しい依存対象を見つけたこともあるようでした。

「考えてみたら、一円にもならないことで泣いたり喚《わめ》いたりするのはバカバカしい。お金の方が刺激があって、信用もできる」

子供を抱きながらイキイキした目で話します。男女関係に限らず社会的な対人関係が苦手で、チームワークが必要な仕事はできない代わり、持ち前のセンスを生かした若い女性向けの店を立ち上げたのです。

ストーキングのエネルギーが仕事に向いた時の集中力は大したもので、それは熱心な働きぶりでした。そもそも一円にもならない行為に延々と集中できるのですから、その潜在的パワーが仕事に向けば成功しても不思議ではありません。

私が会ったストーカーと呼ばれる人の半分以上は、社会で活躍し、高い評価や尊敬を得ていました。ただ、彼らは、評価されなければ自分に価値はないと思いこんでおり、素のままの自分に自信を欠いています。

人は自信がないと防衛的になり、防衛のために自己本位な行動をとる。生きることへの安心を求めて、素の自分を補う何かを必要とするのです。

それは磨き上げた容姿とか築き上げた学歴や高収入であったりしますが、そうしたものが手に入りそうもなければ人から借りようとします。つまり、他人が羨むような恋人は精神的にも、肉体的にも快感をもたらしてくれますから、彼らは常に恋人を探している。好きだから恋人になるのではなく、恋人という存在がまず必要だと思っているのです。

恋人ができればできたで、相手がいなくなることを常に恐れて過度な監視と干渉をします。相手が魅力的であるほど喪失の恐怖を抱き、様々な約束をさせたがる。そしてひとたび不安なことが起きると自制心が崩れ、嫉妬と執着に突き進みます。相手が自分のところに戻って来ないなら自殺してほしいとまで考え、本当に相手が自殺しても、後悔どころか満足に近いものを感じるようです。

ストーキング依存症の加害者がよく口にする「自殺してほしい」「死体でもいいからそばにいて」という言葉は本心です。が、かと言って自分で相手を殺したりはしません。

ストーキング依存症者がこだわるのがバランスシート上の公平です。自分が不当に扱われたという思い込みでストーキングをしている人に対して、カウンセリングは有効です。

私と加害者との縁は長く続きます。「ストーキング依存症」からの回復は、常に内面のバランスを回復し続ける「維持」が目指すところです。

長い人生で、バランスが崩れそうになり、私を必要とする時もあります。私は関わった事案が終われば、どんなに心配でも自分から被害者や加害者に連絡はしませんが、どちら側でも連絡があれば必ず返事をします。

「ストーカー病」の特徴

ストーキング依存とは明らかに一線を画した、妄想を伴い、衝動性と攻撃欲求が極めて高い、殺人を犯すようなストーカーがいるのは事実です。私が「ストーキング病」として対応する加害者と重なるところも多いのですが、精神科医の福井裕輝氏（前出）は、こうした一群を含めて「ストーカー病」と名付けています。

初めてこの病名を耳にしたのは、二〇一二年に福井医師と逗子事件（第五章で詳述）をめぐって意見交換していた時のことでした。「重篤なストーカーに対するメンタルケアの主軸をどこに置いたらいいのか、見定めが難しい」と私が言うと、福井医師は「ストーカーは幾つかの要因を特徴的に有する病気だと考えている」と断言されました。

一瞬、怖れていたものを見たような気がしましたが、同時に「本当のストーカーはストーカー病の患者」という捉え方が非常に新鮮でした。つまり、医療者が病気と認めるなら保護と治療の対象と見なされる。ようやく加害者を治す医療が始まるのでは、とトンネルの先に光が見えたような気がしたのです。

福井医師は、ストーカー行為を「相手との関係性や目的をもとに〝執着型〟、〝一方型〟、〝求愛型〟、〝破壊型〟と、四つのパターン」（著書『ストーカー病』）に分け、精神医学的な面からも「ストーカー病」を「執着型のストーカーは、『自己愛性パーソナリティ障害』がストーカー化の因子となりやすいと推察される。同様に、一方型の場合は統合失調症やパラノイア（妄想性障害）などの精神病、求愛型の場合は発達障害傾向、破壊型は『反社会性パーソナリティ障害』が因子になりやすい」（同前）と分類しています。

精神病は関係妄想を生む病気で、被害者との関係に一方的な妄想（特に被害妄想）をもちやすい。

自己愛性パーソナリティ障害は自分を特別視してプライドが傷つくことを極端に嫌い、交際相手をアクセサリーのように扱う。

パラノイアは相手が自分を求めている、などの妄想を持つ。

発達障害は意思疎通に問題があり、社交性を低くする。

反社会性パーソナリティ障害は攻撃の制御に問題があり、反応的攻撃を引き起こすもとになる。

また、前出の『サイコパス』によれば、反社会性パーソナリティ障害の有病率は男性で三パーセント、女性で一パーセント。予備的研究では、サイコパスはその四分の一に該当すると推定されています。

福井医師によれば「警察が病人を診断できないのは当たり前」で、事実、警察が加害者の精神状態の危険度を見抜けなかったために対応を誤り、後手に回ってしまったケースが幾つもありました。代表的な例として、逗子事件や長崎西海《さいかい》市事件（第五章で詳述）、次の伊勢原事件などもその例です。

伊勢原事件の教訓

二〇一三年五月早朝、神奈川県伊勢原市の住宅街で、三〇代の女性が血まみれで路上に倒れた状態で発見されました。顔から首にかけて刃物で切られ、意識不明の重体。加害者は元夫（三二）で、前夜と当日朝に睡眠導入剤を服用、秦野《はだの》市内で追突事故を起こし、病院に搬送されていました。

女性と元夫は二〇〇五年に結婚、埼玉県内で同居を始めたが、元夫は二〇〇六年に二度、横浜地裁からDV防止法に基づく接近禁止命令を受けていました。女性は一時保護施設に入った後、二〇〇九年一〇月まで中長期シェルターで生活し、福祉事務所の文書には「離婚が成立した元夫から執拗で病的な嫌がらせを受けている」と書かれていました。

シェルターを出てから母親が当時住んでいた伊勢原市内に転居、二〇一〇年春ごろからアパートで子供と二人で暮らし始めました。

しかし事件の一ヶ月前、アパート敷地内で、荷台に収納ボックスが括りつけられた不審な自転車が放置されているのが見つかります。通報で駆け付けた伊勢原署員がボックスに開けられた穴をのぞくと、カメラのレンズのようなものが見えました。

女性は署員に、元夫から過去に執拗な嫌がらせを受けていたことを説明しました。署員は何かあったら一一〇番通報するように伝えただけで、自転車の所有者に撤去を求める張り紙をし、二日後に自転車はなくなっていました。

これは最悪の事態の予兆であったのに、署員は署長に報告することもせず、また、女性にただちにシェルターなどに避難するよう指示もしなかった。危険度を認識する能力のなさを露呈しています。

女性は伊勢原市に住民票の閲覧制限を申し立てる際、「二〇〇五年に警察に相談」と記載していましたが、事件発生時は相談記録の保存期間が過ぎており、県警は把握できていなかったという。しかし、女性の話をしっかり聞けば、身に迫る脅威を認識して一時保護をすることはできた。また元夫に対して過去に接近禁止命令も出ているのだから、逮捕まではできなくとも、何らかの対応は可能だったはずです。

被害者のなかには、数年間何事もないと安心してしまう人もいますが、パラノイア傾向のある加害者は一〇年や二〇年たっても、追い求める気持ちを継続します。被害者は安心してはいけません。

治ること、治すための制度も仕組みもない現実においては、加害者が治ることはありえない。辛くても、絶対に気を緩めてはならないのです。

宅間守（池田小学校児童殺傷事件の犯人、二〇〇四年に死刑執行）は反省も後悔も一切示さなかったサイコパスといえるでしょうが、この事件の元夫は逮捕時、「とんでもないことをした」と言ったそうです。おそらくはパラノイア、自己愛性パーソナリティ障害、反社会性パーソナリティ障害などを有する「ストーカー病」だったのでしょう。

司法と医療の狭間で

「道徳的社会化」という言葉があります。他人に害を与える違反（例えば人を殴る）と、単に社会秩序を乱すだけの違反（例えばゴミのポイ捨て）を区別できることで、これができない人は懲罰以外に加害を止めるものが内面にない。他害を自制するには他者の感情への共感と理解という情動面の学習が不可欠ですが、それを阻害する要因があるようです。

宅間守の精神鑑定を担当した精神科医による『宅間守　精神鑑定書』（岡江晃著）には、裁判所に提出した鑑定書が掲載されていて、それを読むと、宅間が精神科医療を悪用して犯罪を重ねてきたことが分かります。岡江医師は事件の原因として、宅間の情動面の障害とあまりに極端な思考を挙げています。同書には、池田小事件をきっかけに作られた医療観察法をもってしても、事件は防げなかっただろうという言及がありました。医療観察法に則れば、犯人が「心神喪失」か「心神耗弱」である場合、不起訴処分や無罪、あるいは刑の執行が猶予されることもある。殺人や放火、強姦など重大犯であれば、裁判官と医師の判断で医療機関で治療させることができますが、宅間の殺傷事件以前の罪ではそもそも治療対象外の可能性もあったからです。

どうやって未然に被害を防ぐか、再犯を防ぐか、司法と医療の連携の仕組みをどうするか、観念より現実に即した議論が必要です。

福井医師は「ストーカー病」の因子として自己愛性・反社会性パーソナリティ障害を挙げ、宅間のケースについては「反社会性パーソナリティ障害が因子と推察されるストーカー病の破壊型」と述べています（前掲書）。

しかし、二〇年ぐらい前は、医師のもとに患者を連れて行っても、「人格障害とは文字通り、病気ではないので治せません」と突き放されることがほとんどでした。反社会性パーソナリティを持つ人は様々な問題を引き起こしますから、治療者は悩ましい思いをさせられます。なるべくなら診たくない、と考えるのは不思議ではありません。

婚約を破棄されたショックからストーカーになったある女性は、自宅の二階から何度も飛び降り、いつ大怪我するか分からない状態でした。困った親が医療保護入院を求めて病院に相談すると、医師から「当院は精神病の方しか治療しません。人格障害は対象ではないので」と拒否されたのです。

加害者は最初のうちは、たいてい身内に黙ってストーキングをしており、家族が相談に来る時はストーキングがエスカレートしてからで、「息子が警告を受けてしまった」と慌て、突然の事態にオロオロしています。

一向にストーキングをやめない息子に困り果てて警察に相談に出向くと、「子供さんは病気ですよ。警察は病気を治すところじゃないので、病院に行ってください」と言われ、病院に相談すると「犯罪を防ぐために病院があるわけではない」と言われる。司法と医療の境界に存在しているがゆえに、どちらからも手が差し伸べられていないのです。

＊

入院には、任意入院、措置入院、応急入院、医療保護入院の四つがあります。以下、簡単に説明しておきます。

「任意入院」は、本人の同意にもとづく入院のことです。

「措置入院」は、通報などを受けた都道府県知事が必要と認めた場合、医師による診断によっては入院させることができる。例えば、警察が精神疾患の急激な発症や悪化によって自他を傷つける恐れがある者を保護した場合、指定医のもとに連れて行き、指定医が入院の必要性を認めたときは強制的に入院となります。

また、逮捕された被疑者に対して、犯行時の責任能力を解明するために精神鑑定をすることがありますが、その結果、やはり自傷他害の恐れがあるとなれば措置入院となります（起訴前であれば起訴前鑑定、起訴後であれば正式鑑定）。

「応急入院」は、自傷他害の恐れはないが、すぐに入院させないと問題があると指定医が判断した場合、本人の同意がなくても七二時間に限って指定病院に入院させることができます。

「医療保護入院」は、指定医による精神障害の診断と家族など保護者の同意があれば、本人の同意がなくても入院させることができます。

自傷他害の水際では、警察官通報による強制措置入院は頼みの綱ですが、保護してもらっても、指定医から入院が必要との判断をもらえないことが多々あります。病識のない、あるいは治療を拒否する病人をどう治療に結びつけるかが問題として残ります。

指定医に限らず、医師は家庭までは来てくれませんので、家族はどうやって本人を医師まで連れて行くか、頭を悩ませることになります。伊勢原事件（九四頁）の加害者の母親は、息子と一緒に元妻の自宅探しをさせられていたという。長崎西海市事件でも、父親は息子が早く逮捕されることを願っていたそうです。

私が会った加害者の家族も、事件を未然に防ぐためなら、速やかな検挙、または医療につなげて本人に治療を受けさせることを願っていました。警察に「被害者に告訴してもらいなさい」と言われることもありますが、どうしたら実現できるかが分からないのです。

現在は、パーソナリティ障害も治療対象として認められ、病院も以前ほど門前払いはしなくなりました。また、二〇〇三年度から厚生労働省のモデル事業として一五府県・二四施設で試行されている「精神障害者アウトリーチ推進事業」では、未治療者や治療中断者に対して、専門職（医師、看護師、精神保健福祉士、相談支援専門員など）がチームを組んで訪問支援（アウトリーチ）を行い、できるだけ入院せずに生活できるように支援しています。パーソナリティ障害の人にも、訪問ケアが行われるようになることが望ましいと思います。

警察も、これまでの犯罪動機とは異なるストーカーの心理的動機、その背景にある医学的な問題にようやく目を向けつつあり、彼らを医療につなげることを防犯上の観点から積極的に考えるようになりました。警視庁は二〇一四年度から、加害者に専門的ケアを受けさせ、効果を見る取り組みを始めます。取り締る側から治療者側への連携の模索は画期的なことです。

その意味でも、警察は加害者への配慮より、ダメなものはダメ、という取り締る側の立場に専念し、心理面は専門家との連携にゆだねてゆくのが正しいと思います。治療者側には、治療中に犯罪を予見できた場合に警察に通報するかどうかという問題がありますが、治療者の守秘義務より、事件防止が優先されるべきだと私は考えています。

第四章　危険度をどう見分けるか——行動レベルと心理レベルの三段階

行動レベルで見る危険度

ストーキング行為によって起きている被害や危険がどの程度か、客観的に見るための方法があります（一〇五頁の図を参照）。

ピラミッド型の三角形を三分割した下の部分が①マナー違反レベル、中間が②不法行為（民事訴訟相当）レベル、上の三角形は③刑事事件レベル。まず被害がどのレベルにあるか、起きた事実をもとに被害者と一緒に確認していきます。

例えば、いくら拒否しても「愛している」「付き合いたい」「離れたくない」など追いすがるようなメールが送られてくる、贈り物や花束が届けられるというのは①。

メールの文言が「死ぬ」「誠意を見せろ」など相手に恐怖を与えるものになり、会社で待ち伏せされるような事態は経済的・精神的実損を伴うので②の段階です。「訴える」と言われたらさっさと訴訟レベルで応じればよいし、もし不法行為がストーカー規制法に抵触するものなら行政処分である警告を発令してもらいます。

その警告が効かない場合はすでに③のレベルで、告訴すれば逮捕も可能です。傷害や強姦、名誉毀損などがあれば、規制法とは別の刑事の罪状で処罰を願い出ることができます。

ある相談者（五〇代女性）は趣味の旅行サークルで知り合った年下の男性から交際を申し込まれ婉曲に断ったのですが、しつこく旅行に誘われた。これは①の段階です。

女性は「一人旅が好きだから」と再度断ったものの、あるとき長距離列車に乗る話をしたところ、その日、男性が後ろの座席に座っていた。尾行による待ち伏せで、事態が②の段階に進んだことになります。

彼女は体を硬くして無視していましたが、男性は隣の席に移動してきて手を握った。「近寄らないで」と必死で拒むと、「宣戦布告ですか」と言う。無理に体に触れるのは暴行罪に相当するし、精神的恐怖を与える言葉を使っている。いよいよ③の段階です。

この女性が警察で相談しても、背筋が寒くなるようなその恐怖に反応してくれる意識の高い警察官ばかりとはかぎりません。暴行罪どころか、「手を握られたぐらいで大げさな、だって知り合いなんでしょう」で片付けられてしまいかねないのが実情です。

甘えが昂じた脅迫的一行

二〇代の男性教師は、三〇代半ばの先輩女性教師とメールアドレスを交換しました。お互いに仕事の悩みを打ち明けることがあった。転職が決まった男性は贈り物をもらい、少しずつ恋愛感情を抱くようになりました。

その半年後、女性教師からのメールが途絶えるようになり、元の学校に連絡すると結婚して退職したと聞いて愕然とします。男性は「結婚おめでとうございます。もう二人で会うことはできないと思います。最後に会いたいです」というメールを送りましたが、返事は「会いません」というごく短いものでした。

このメールで自分の中にカチッとスイッチが入った、と彼は言います。あとは一気にエスカレートしていきました。

「では、今後は同窓会にも出られないのですか?」。返信なし。

「分かりました。あなたは僕に会いたくなくなったのですね。明日からは気持ちを切り替えるので、最後にどうか電話をください」。返信は「お願いだから、もうメールしないで」。

これを見て男性は、「理由を教えてください。返事しないなら覚悟をしてください」と送ってしまいました。

おそらく最後の一行で女性は恐怖を感じたのでしょう。男性は警察に呼び出されて注意を受けました。

その足で私のところにやってくると、「悔しい。僕はもうあの人を好きじゃないし、今は憎しみでいっぱいです。彼女は僕に色々と甘えるようなことも言ったので、僕を好きなのかと思ってしまった。彼女にも少しは責任を感じてもらいたいので、当時のメールを教育委員会と市長に送ろうと思うんです」と涙を流します。

私は次のように言いました。

「この結果には、あなた自身にも責任がある。彼女は結婚相手がいるので、二人で会うのは気が咎めたんでしょう。彼女を追い詰めることで解決とするのか、一度は好きだった女性を守る気持ちで問題を解消するのか、よく考えてみたらどうですか」

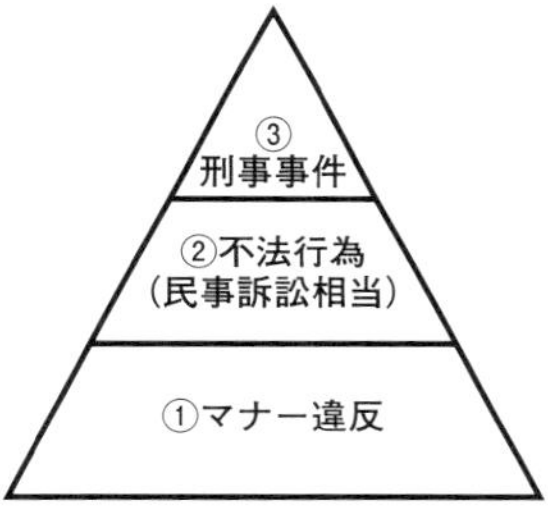

ストーキング行為の被害度

人間関係というのは一線を引いていないと些細なことで問題になります。女性は結婚前に、男性に結婚することを言っておけばよかった。ちょっとしたことで互いに傷つくのはマナーレベルのトラブルですが、手を打たずに放置していると、いつの間にかストーキングという事態に発展してしまいます。

心理レベルでの危険度

以上は「行動レベル」での危険度の判断ですが、同時に「心理レベル」での判断が重要です。

それは加害者のメールの文言である程度わかりますし、加害者と被害者の関係を注意深く観察すれば判別できる。さらに妄想の有無など精神面に潜む危険を見抜くことができれば、重大事件は防ぐことが可能です。

加害者の内面の危険度を見る時、私は、①リスク（risk＝可能性）→②デインジャー（danger＝危険性）→③ポイズン（poison＝有毒性）という三つの段階を設定しています（一○九頁の図を参照）。

①の段階では被害者の対応次第でよい方向に向かいますが、②の段階では危険性が雪

だるま式にふくれあがり、警察の警告、カウンセラーや弁護士が間にはいるなど第三者による介入が必要です。そして③は、加害者の存在自体が毒、加害者はストーキング病と見てよく、最悪、殺人事件も起きかねないもっとも危険な段階です。一刻も早く自分が逃げるか、相手を排除するか、少なくとも加害者の行動を見張らなくてはなりません。

何も対策を講じなければ、危険度は①→②→③と進むだけで、いくら神頼みをしても逆方向には行かないのです。

破恋型ストーキングでは、被害者が別れを告げると、加害者はまず「やり直したい」と言います。この時点なら、①のリスク対応でほぼ対処できます。具体的には、貸し借りは清算した上で、はっきり「別れたい」と言う。この時は二人にならない環境、例えば喫茶店などで話をすることです。そして以後、二人きりなることは避けます。また、二人の別れ話をLINEなどで他人に知らせたりしないことです。

しかし、電話やメールの文言が「責任を取れ」「誠意を見せろ」「消えてほしい」「死んでやる」など切迫してきたら、加害者の心理は②の段階に進んでいて、被害者が対応しても効果はなくむしろ危険です。私のような第三者が早急に加害者と面談するか、あるいは弁護士が代理人になるなど、両者の直接的接触を避けて話し合いを始めます。と同時に、家族、会社、学校など、身近で大切な関係者に報告をしておきます。何かあった時は直ちに対応できる態勢を作ってもらうのです。そして、できれば緊急時に身を隠せる場所のめどをつけておきます。いつでも警察や弁護士、時には相手の身内に介入をお願いできるようにこれまでの記録も用意します。

さらに文言が「呪ってやる」「殺してやる」「火をつける」「人生を破壊する」などの脅迫になれば、③の段階に達している。もはや警察力によるしかありません。

ストーカーの心理の危険度は、行動からも推し量ります。待ち伏せや名誉毀損は②、複数回の待ち伏せや住居侵入、職場への嫌がらせ、追いかけ、復讐行為の依頼などが起きていたら③と見なし、証拠を採集して直ちに警察に被害届を出します。

②と③においては、私はカウンセラーとして加害者と面談し、ストーキングを止めるように説得しますが、それでも聞く耳がなければ、②では最低でも警告の申し出、③であればストーカー規制法違反か脅迫罪で告訴して逮捕してもらうように指示します。

被害者が警察に告訴しない大きな理由として、報復を恐れる心理があります。被害者の多くは相手が処罰されることを求めていないし、逮捕されてもすぐに戻ってくるという無力感を持っています。

心理レベルでの危険度と対応

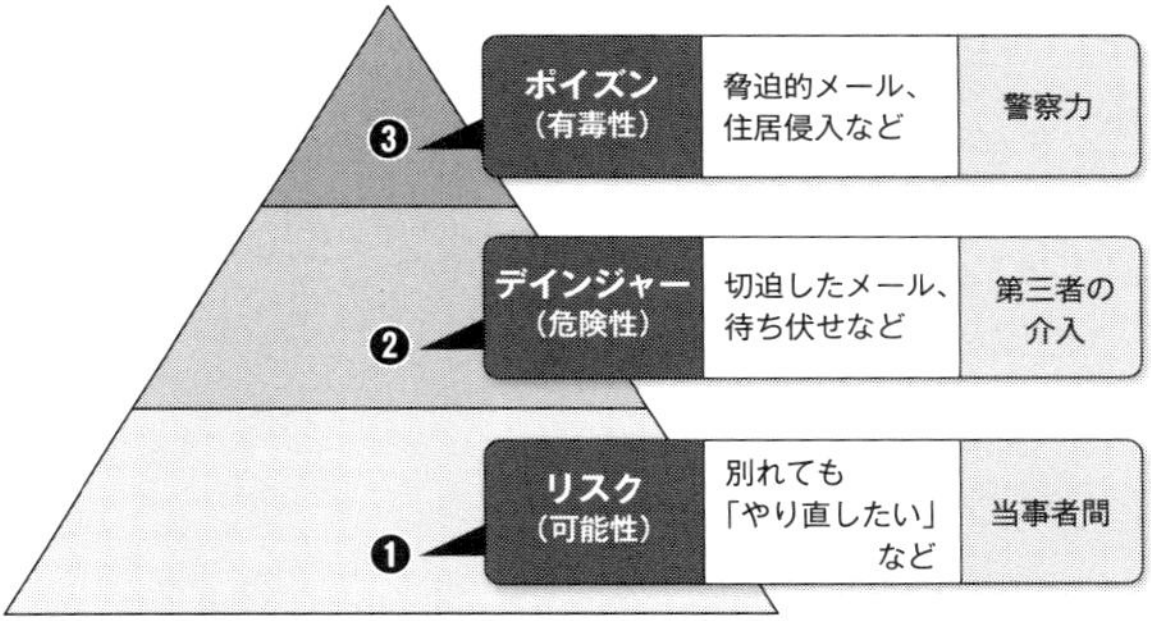

それでも被害届がカウンセラーの指示によるものなら、ある程度報復は防ぐことができます。ただし、気をつけなくてはいけないのは、一度、警告や被害届など刑事問題に対応のステージを上げた場合、可逆的対応をしてはならない、ということです。警告・逮捕・釈放後は当事者同士はもちろん、関係者が同席しても直に会ってはなりません。加害者は、あたかも自分が許されたかのような勘違いをする可能性があります。たとえ謝罪を申し入れてきても、決して面と向かっては対応しないのが鉄則です。

私の場合は最初から加害者に関わっているので、私だけが加害者と会うぶんには、可逆的でもマイナスにはなりませんが、当事者間で話し合うなら、必ず弁護士を間に挟むことです。

釈放後については法制度上いかんともしがたく、ストーカーとの闘いは一生続くという覚悟を持ってもらうしかない。

最近は、保護観察中の加害者や服役中の性犯罪者を対象に、認知行動療法が取り入れられていますが、その後のケアまでは定められていません。加害者の更正について知りたいと思う被害者の多くが、恐怖心を抱えたまま逃げ続けることになっています。

加害者からのSOS

ストーカーにも、ふと冷静になる瞬間があります。自ら制御しないとヤバイ、そう思うのです。私のところには、「止めてほしい」「つかまりたい」「入院したい」「死にたい」などと言って駆け込んでくる加害者が増えています。

最近は月に三～五人は加害者からの相談で、新規受付の四分の一を占めます。以下は、そんな加害者からのSOSメールです（一部略）。

「私はいわゆるストーカーでした。再発しそうで苦しんでいます。

元の彼女とは一年で別れたのですが、どうしても気持ちが残り、一昨年彼女の父親が死んだと聞き、彼女の実家に行きました。喪服を着た彼女が玄関に立ち、そばに旦那さんと子供がいて話しかけられなかった。

彼女たちが帰るのを張り込み、尾行して自宅を特定しました。それから時折張り込みましたが、こんな事をしてはいけないと、半年くらいはやめていた。でも止めているとイライラして、代わりに興信所を使って見張ってもらったりもしました。

新しい恋人ができれば苦しみが取れるかと思いましたが、逆に彼女への思いが強くなってきた。この一年は一人でずっと苦しみと戦い、やがて自分は幸せにはなれない、死ぬ前に彼女に逢いたいと思うようになりました。

一日中、彼女と逢うことばかり考えていて、無理やり会いに行ってしまいそうです。しかし、行けば最悪の結果になると思う。それが自分でも怖いのです。テレビでストーカー殺人の事件を見ると、自分の姿に重なります。友達に相談しても溜息をつかれるだけです。とにかく誰かに気持ちを打ち明けたい。カウンセリングをお願いします」

駆け込んでくるのは、③の手前でためらっている人です。

尾行する相手を線路に突き落とそうとした人とは一緒に精神科に行き、そのまま三ヶ月入院となりました、もう一歩で殺傷事件を起こしたことでしょう。他にも包丁を持って歩いていて怖くなって電話をかけてきた人もいた。彼らは、「ストーキング依存症」から「ストーキング病」の境界線上にいるのです。相手の性格をよく把握し、一段上の段階に入らせない、薄氷を踏むような対応が求められます。

元交際相手を一〇ヶ所以上も刺したという人から事件に至る経過を聞いていると、ふと「このままではいけない、誰かに止めてもらわないと」と思うことがあったそうです。事件の前、相手と友人たちが集まっている場所に乗り込んで、全員に暴力をふるった時です。

「誰でもいいから、俺を殴って警察に突き出してほしかった。でも、みんな俺を怖がって、通報しなかった。俺は絶望した。彼女を殺さない自由はもう俺にはない、自分を止められないと分かったんだ……」

二人は数年間不倫関係にあり、女性には夫と子供がいました。女性は彼に多くのお金を貢がせておきながら、彼が借金で首が回らなくなると「お金の切れ目が縁の切れ目」と言ったという。「彼女に尊崇の念を抱いていた」男性は、その一言で「だまされた、悪魔だったと結論し、復讐しようと考えた」のです。

女性は一命をとりとめ、彼は服役しましたが、出所した時も「殺したい気持ちは変わらない」と言って反省はみられなかった。私は、ひどい頭痛と怒りからくる発作を繰り返す男性を医師のもとに連れて行きました。

神経科の治療を続けてからは頭痛や突発的な怒りの発作は減り、徐々に会話も冷静にできるようになりました。私は男性に、女性から謝罪を受けるイメージ療法を施しました。一年ぐらいのうちに男性の顔はおだやかになり、今は自分の心の中に復讐心は見あたらないと言っています。

他殺が心中という解釈に

加害者のほうから駆け込んでこないかぎり、私が加害者と会うチャンスは被害者が相談に来る時だけです。加害者の家族が引っ張ってくることもありますが、もともと家族の言うことを聞かない人が多いので例外的です。

私は被害者から相談を受けると、経緯を聞き、メールの文言に注目し、加害者の心理レベルでの危険度を測ります。他の対策に優先して加害者のカウンセリングを行うのは②の段階、せいぜい③の初期までにしています。

この段階なら、カウンセリングを意図してまずは会いに行き、被害者の保護と警察に訴え出る支援、加害者の行動監視と医療的措置の機会を作ること（加害者家族とも話し合う）になります。
③の頂点に達し、殺人の決意を固めた加害者に対しては、治療と回復という目的は引っ込め、最悪の事態を回避することが最優先になります。狭義の精神病者にはカウンセリングが逆効果となるように、殺人を決意した人にはどんなカウンセリングも効果がない。いわば「ストーキング中毒症」で、自家中毒のような重篤な病態にあります。
そうした場合、被害者の安全確保は当然として、加害者側の家族とも連携して、自宅で暴れたり、自傷行為がある時は措置入院を含めて加害を止めさせる対応、告訴できるものなら警察に逮捕してもらうことを急ぎます。

医学的に「中毒症」は毒性のある物質が許容量を超えて体内に取り込まれ、正常な機能が阻害されている状態です。ストーカーに当てはめると、相手に対する強い関心に意識が占領され続けることで、「殺すしかない」と観念に縛られてしまう。精神が慢性中毒症になっていると言えるでしょう。

薬物中毒は適切な薬剤を投与すれば数ヶ月で八割は解毒可能とのことですが、依存自体がなくなるわけではありません。症状が収まったというので退院させたら、また薬物に手を出すことはよくあります。

ストーキング中毒症も解毒治療が必要で、相手を殺すと決意を固めている時点で、一旦は身柄を拘束し、行動を監視しながら治療を施すべきなのです。

もともと彼らに判断力がないわけではなく、よくよく検討した上で、殺す決断をしている。「殺す」とは自分も社会的に「死ぬ」ということで、その覚悟が要る。カッとなって殺してしまうのではなく、強固な意志と計画性のある殺人です。治療としては入院を前提とした「認知行動療法」や、先述の「条件反射制御法」が有効と思われます。

殺す対象は人だけでなく、相手の飼っている犬や猫ということもあります。あるDV男性は同棲相手ばかりか猫までいじめるので、女性は猫を連れて家出しましたが、職場の帰り道をつけられて避難先を割り出されてしまった。その猫が撲殺されたことで、女性は彼から離れたら自分も殺されると思ったといいます。

私が男性と会って彼女から離れるように説得すると、「あんな女はもういい。ただ出ていくなら庭に埋めた猫を掘り出して、持っていくように言ってくれ」と言う。動物愛護法違反で訴えたものの、証拠不十分で被害届は受理してもらえませんでした。

この女性はその後シェルターに入ることができましたが、愛猫の遺骨が入った小袋をずっと身につけています。

ストーカーは相手に拒絶され、見捨てられたという被害者意識を味わい続けている。これは耐え難いもので、怒りで全身が持ちこたえられないほどです。

もう一分たりとも耐えられない、相手が生きているだけで屈辱に見舞われる。自分を拒絶した相手の存在は脅威であり、逃げ出したい——。ストーカーは解決法を考えます。それは相手に究極の敗北感を与えること。彼らにとって殺人は復讐であり、何より二度と屈辱を味わわずにすむ「解放」でもあるのです。

しかし、そうして相手を殺した途端に、今度は自分独りでは生きられない、と自殺してしまう。彼らはそれを心中になぞらえることがありますが、ストーカー殺人は、永遠の愛を誓い合う本来の心中とは真逆の行為です。

こういう加害者を治療に結びつけるために、裁判所が医療措置命令を出せるようにならないものかと思います。

攻撃行動の因果関係

ストーカーの大多数は、愛着心理を基底とする「反応的攻撃」をします。殺人、傷害、暴行、自殺などの究極の「反応的攻撃」を防ぐために、攻撃の因果関係を医学的に明らかにし、治療や教育に結びつけることが大切だと思います。『サイコパス』（前掲）から抜粋すると、

生物学的レベル：攻撃制御に関与する前頭前皮質の外傷、セロトニン系の障害やトリプトファンの減少などが攻撃性の増大をもたらす。

認知レベル：環境からの脅威によって、基本脅威回路（扁桃体内側核、内側視床下部、背側PAG）が十分に活性化されると、反応的攻撃がみられる。

「脅威による神経化学的反応は、それまでに受けた恐怖体験（特に人生の初期に起こった場合）に強く影響を受ける」「出生前ストレスや幼児期の愛情剥奪ストレスが、後のストレスに対する糖質コルチコイドの反応性を上昇させ、その結果、将来ストレスを受けたときの反応を増大させる」

「慢性的なストレスもまた、その後にストレスに暴露された際のノルアドレナリン放出の増強に関連し、また、ノルアドレナリン系の感度増大に終生影響を与える。繰り返しストレスを受けると、皮質、海馬、扁桃体、視床下部、青斑核におけるノルアドレナリンの代謝と放出を高める」

つまり、環境、恐怖、出生前ストレス、幼児期の愛情剥奪、慢性的ストレスが攻撃性のリスクとなるということです。特に興味深いのは次の記述です。

「反応的攻撃を示す子供は、自分にとって良くない社会的刺激に対してだけ選択的に注意を向け、そうした刺激から他の方向に注意をそらすことがなかなかできない。攻撃的な子供が、刺激を敵対的な見方で解釈し、それに従って行動するようにさせているのは、この過覚醒かもしれない」

「過覚醒」とはひどく敏感であるという意味です。ストーカーというのは、「俺を馬鹿にしている言動はないか」「私を裏切っている言動はないか」と、頭の中で常に検索エンジンをかけ続けているかのようです。率先して自分にとって不快な事象を探し、攻撃の種を拾うことに余念がないのです。しかし、相手との関係分析や自分の精神分析にはきりがありません。

自殺という形の復讐

三〇代半ばの男性は幼い頃、日常的に父が祖父母に暴力を加えるのを見て過ごしました。小学校当時から友だちと遊ぶことができず、弱い子を狙っては言葉の暴力を加えていた。「自殺しなよ」としつこく迫ったことを夜中に思い出して目が覚めるのは、やはり嫌な気分です。

二〇歳で一人暮らしを始めましたが、どんな仲間とも打ち解けられない。孤立するのが嫌で仕事も転々とし、やがて働くことをやめました。母親に「あなたたち親のせいでまともな人生を歩けなくなった。不幸の責任をとってください」と金をせびると、黙って生活費を送ってくれると言います。

「でも、このままじゃ辛すぎる。一番求めているのは異性の友だちができることです。彼女ができれば自信が少しは持てるというか、人並みになれると思う。人並みになったら働くし、彼女がいないと会話についていけない。彼女がいない人もいるでしょうが、僕には彼女というものが必要なんです。

別にそんなに好きじゃなくてもいいけど、かといって不幸が移るようなタイプは嫌。僕みたいに暗くてモテたことがない男じゃ、不幸が倍加するでしょ。ある程度、周りに自慢できるような感じでないと……道でカップルを見かけるのがホントに苦しい。同性でも親しく話せる相手がいないし、新しく知り合いを作る方法も分からない。いつも独りでいて、生きていても死んでいるのと一緒なんですよ」

彼は自分と家族を恥じ、軽蔑していました。彼からのメールには段々と追い詰められていく様子がうかがえました。

「いよいよエネルギーの枯渇を感じます。社会から逃げて負い目を感じてきたけど、それも放り出してしまうくらいに追い詰められている。人は致死率一〇〇パーセント、自分で努力して死ぬ必要はないと言う人もいるけど、先細りで追い込まれて行く人生を、もう頑張れない。自殺する気力もなくなる前に自殺しなければ……」

それでもある日、「彼女ができそうだ」と珍しく弾んだメールが届きました。彼の好きなブティックの店員で、「思い切って映画に誘って行ってきた。雰囲気も悪くないし、これから店に行っても談笑できる、今度は食事に誘う」と明るい文章でした。

ところが数週間後には、内容が一転していました。

「今日、『彼氏がいるのでもう誘わないでください』とメールが来た。俺に気があるふりをして下劣な女。それとも俺の容姿と性格が悪いからか、いずれにしても復讐してやりたい。女は信用できない生き物」

フラれたことで、もともとの不幸感に火がついてしまった。失恋がストーキングという爆発を引き起こすのは、不幸感というガスが鬱積《うっせき》しているからです。

「自殺か殺人をすると決めたのに、特に会いたい人がいない。彼女の店に放火して死にます。その日まであと数日。時間を持て余してしまう退屈さ、でも、何もしない。死ぬと分かっていても無駄な出費はしたくない」

私は彼にこう返信しました。

「自殺する必要なんてない。あなたはずっと死んでいるみたいなものだから。生きることを始めましょう」

幼い頃から心を押し殺してきた彼にとって安全な場所はどこにもなく、自分に敗北感を与える周りは脅威と感じられてきた。特定の弱者に恨みを晴らそうと弱い子をいじめるのも、大きくなって母親を責めて金を奪っているのも同じ復讐です。

私は彼の家族に連絡しました。カウンセラーには守秘義務がありますが、事態の緊急性によっては棚上げすることもある。自殺が起きる前に止めなくてはなりません。私の活動は、まず命を守る、次に守秘義務を守る、そして真実に従い、最後、自他に責任を取らせるという順番です。

第五章　警察の対応はなぜ後手に回るのか——民事と刑事の境界で

逗子事件を検証する

二〇一二年に起きた逗子事件は、私にとって相談者が命を落とした初めてのケースでした。自分に何が不足していたのか、後悔は今も強くあります。

報道の多くは加害者の小堤英統（四〇）が、被害者・三好梨絵さん（三三）に対する脅迫罪で逮捕された二〇一一年から追っていましたが、それは事案の全体から見れば最終局面に過ぎません。二〇〇六年の出会いから五年間に及ぶ小堤との格闘は壮絶なものでした。

以下、自分の対応に対する検証の意味も込めて、経緯をまとめておきます（カッコ内、梨絵さんのコメントは事件前のやりとりから抜粋）。全体像が分からなければ、この事件の本質は分からないと思うからです。

＊

二〇〇四年一〇月、梨絵さんと小堤は世田谷区のバドミントンサークルで出会います。三人きょうだいの二男として東京近郊で育った小堤は高校、大学とバドミントン部に所属、高校の非常勤教師となってからは区の指導員をしていました。

一二月から交際が始まりますが、半年もすると梨絵さんは何かと厳格で自分を叱ることの多い小堤に嫌気が差し、「別れたくなりました」。小堤はもともと不安になりやすい性格で、大学を卒業しても就職先が決まらなかった頃からうつ病で通院していました。

二〇〇六年初め、梨絵さんは、別れる決意をします。一方、小堤はこの年の四月、長年の念願だった正規教員となり、バドミントン部のコーチにも就任。ところが正規教員に自信が持てず、不安から再び心身に変調をきたします。梨絵さんはそんな小堤にカウンセリング受診を勧め、励ますなどして関係を続けましたが、具合は良くなりません。

六月、梨絵さんは別れ話を切り出そうとしましたが、小堤は話し合うことを避けます。同二八日、それでも別れたい気持ちは伝えたものの、「冷静には話し合えなかった。彼は『会う時間が少ないからうまくいかない』『結婚する予定だった』『本当に好きだった』と言いました」。

七月四日、二度目の別れ話。「別れることを納得しないので一旦は保留にしましたが、最後は別れを納得させせた。それなのに『支えてほしい』というメールが来たので、あらためて『もう好きじゃない』と伝えました」。一一日、梨絵さんが「もう戻ることはない」と伝えると、小堤は「目の前で痙攣《けいれん》しはじめ、涎《よだれ》を垂らして目が虚《うつ》ろに。家族に電話して連れ帰ってもらいました」が、その一週間後、「お前だけが幸せになるのは許さない」という内容の長いメールが届きました。

八月一〇日、「人生の終止符を打つ」という自殺予告メールが届いたので、梨絵さんは彼の家族に連絡します。一七日、「ついに実行」とメールがあり、すぐに家族に電話すると、薬を飲んで公園で寝転がっていた小堤が発見されます。これが最初の自殺未遂で、その後、ある病院の閉鎖病棟に二〜三週間入院しました。梨絵さんには「本当に助けてください」という留守電がたまに入っていました。

九月一日、長く悩まされてきた梨絵さんも参ってしまい、心療内科を受診。「今すぐ逃げろ、と言われ、電話番号と仕事も変えるようアドバイスされました」。梨絵さんは同一六日に引っ越し、電話は着信拒否にしましたが、仕事はそのまま続けました。

小堤は一一月に一旦復職しますが、一二月までしか勤められず二〇〇七年三月に退職。教師としては努力家だったようで、生徒たちにも慕われていましたが、正規教員、バドミントン部コーチという、ようやくかなった夢はあっけなく潰えました。この頃、小堤は通院先のなじみの医師が変わったことで別のクリニックに通い始めています。

＊

二〇〇八年四月、小堤は別の高校に就職。そこでも非常勤でした。梨絵さんは七月に結婚し、都内に住みました。

二〇〇九年四月、小堤は沖縄の高校に就職するものの、半年も経たないうちに挫折。慣れない一人暮らしで体調を崩して次年度の契約も見送られ、翌年三月で退職、帰京しました。不安症状が強く、帰京してからは親に付き添われてクリニックに通いました。

しかし、初夏の頃から不安症状がいっそう強くなり、二〇一〇年七月、遺書三通（うち一通は梨絵さん宛）を残して山中で自殺を図ります。小堤が死のうとした理由は直接的には失職による絶望感で、精神的にも肉体的にもボロボロの状態でした。

梨絵さんに宛てた遺書の内容は公表できませんが、誤字脱字ひとつない長文で、完璧主義を自任する彼らしいものです。全体としては彼女を非難するものではなく、交際していた当時のことを極めて綿密に、強い思い込みで分析するものとなっています。

善意が誤解を生むことがあるのは残念ですが、小堤は梨絵さんが優しかったために、別れたのちも心のつながりがあると信じていたのかもしれない。だから時間が経っても、離れていった彼女に対して執拗に分析し、縷々《るる》書き付けたのだと思います。

山中で発見され、三ヶ月ほど入院。医師に認知行動療法を勧められたものの「おかしくなる、辛い」と拒否したため治療は施されませんでした。医師には「心の中の根本のものを解決しないと良くならない」と言われたそうです。

一方、梨絵さんは小堤からの接触もなくなり、幸せで充実した生活を送っていました。二〇一〇年にはセミナーコーディネーターとして独立。逗子に引っ越し、電話番号もメールアドレスも変更しましたが、「小堤の様子を把握するのと、ガス抜きのために」、フリーメールのアドレスは残しておきました。やはり警戒は解いていなかったのです。

ただ、この頃、梨絵さんはツイッターを始めました。それで結婚と逗子在住であることが分かったかもしれない、と梨絵さんは考えていました。同年一二月にメールをのぞいてみると、二週間で二〇〇〇通ものメールが届いていました。内容は以前に比べて急に「言葉が汚くなっていました」。攻撃的になり、「精神的に殺したのはあなた。肉体も殺してください」とか、「ストリートレイプされて連れ去られろ」「強制わいせつヤロー」といった脅迫や中傷であふれていた。怖くなった梨絵さんが小堤の家族に電話をすると、直後に「告げ口したな」というメールが届いたそうです。

梨絵さんは同月九日に逗子警察署生活安全課に相談しました。警察は小堤の家族に口頭注意の電話を入れました。そして一二月二四日のクリスマスイブ、「死んでやる」というメッセージを聞いた梨絵さんは、直ちに小堤の家族に通知。三度目の自殺未遂でした。

*

二〇一一年一月一一日、逗子署は一旦対応を結了。しかし、小堤の精神状況が全く変わっていないのに、この判断になったことは私には疑問です。

梨絵さんも「春頃までは安心していた」ところ、四月五日頃、元の勤務先に梨絵さんを罵る電話があり、フリーメールをのぞいてみると、三月から四月にかけて何百通ものメールが届いている。今度は「殺す」という言葉もあり、梨絵さんは「命の危険を感じました」。

嫌がらせはエスカレートし、仕事のパートナーや知り合いのところへの大量のピザや寿司の宅配、アダルト掲示板や出会い系サイトへの書き込みの他、メールは四五〇〇通にもなり、「海に沈める」「殺す」「火をつける」、「旦那を殺す」「お前に誠意がないせいで、周囲にどんどん迷惑がかかっている。最低な女だな」とも書かれていました。

四月七日、梨絵さんは逗子署の生活安全課に相談し、この時も、現姓と住所は明らかにしないようにお願いしています。生活安全課は警告を出す決定をし、県警本部のストーカー対策室に報告。翌八日、梨絵さんはメールを印刷して逗子署を訪問。生活安全課から報告を受けたストーカー対策室は、メールの文面が殺意を明示したことから、脅迫事件として捜査するのが相当と伝えました。

逗子署は小堤の家族に口頭注意の連絡を入れました。小堤が梨絵さんの仕事のパートナーに「イベント会場に行って殺してやる」という犯行予告をメールで送ったため、「会場には行かせないように」と伝えたのです。家族は小堤の逆上を恐れて地元の警察署に相談、万一の時は措置入院させるつもりだったようですが、家族から注意を受けた小堤は、梨絵さんに「警察に届けたな!!」とメールを出しています。

四月二二日、生活安全課とストーカー対策室が捜査方針を決定、梨絵さんから再度事情聴取しました。この時、警告を希望する梨絵さんに対し、脅迫で被害届を提出するように促しています。

五月二四日、逗子署生活安全課は刑事課に梨絵さんが三好姓を秘匿していることを申し伝え、同二七日に捜査着手、六月一日に小堤は逮捕されました。梨絵さんが最初に逗子所に相談してから、実に半年が経っていました。

この間、警察は一度も小堤と会っていません。小堤のストレスは慢性化し、攻撃欲求を高じさせた可能性があります。おそらく、梨絵さんの結婚を知った時点でポイズンの段階（一〇九頁）になった。自殺未遂の際の遺書とは一変して攻撃的な内容になっているからです。家族への注意だけにとどまらず、警告でも逮捕でも、とにかく直ちに小堤と会うべきでした。手を打たないまま放置したに等しいと私は思います。

逮捕時に逗子署が梨絵さんの結婚後の姓を読み上げたことについて、神奈川県警は次のように検証報告しています。

「刑事課は生活安全課とのやりとりを通じて、被害者の現姓及び住所の秘匿要望を認識してはいたが、刑事手続き上、被疑事実の要旨の作成に当たり、現姓及び住所を記載するのは止むを得ないと考えた。署長はじめ捜査幹部も、刑事手続き上、被疑事実の要旨に被害者の現姓及び住所を記載することは止むを得ないと判断した……」

この「名前の読み上げ」は刑事訴訟法上の手続きですが、

「法律で要請されているのは『示す』ことで、読み上げることまでは求められていません。（中略）被害者が逗子市在住であったことから逗子警察署が被害届を受けて捜査をしていたものと思われますが（それが通常の手順です）、所轄警察がこうして動くことで、ストーカー側には、その管内に被害者が住んでいる、ということを推測させることになります。被害者に、現住所を知られたくないという強い希望がある以上、被害届を受理したり捜査を行う警察署を別にするなど、捜査の進め方についても細心の注意が必要であったのではないかと思います」（落合洋司弁護士のブログ「日々是好日〔二〇一二年一一月一一日〕」から抜粋）

六月三日、小堤は横須賀区検に拘置されました。梨絵さんは検事から「会いたいと言っている」と言われますが、「出てきてほしくない」と伝え、仕事のペンネームも変え、防犯カメラの設置を講じ、住民基本台帳の閲覧にも制限をかけました。

同一五日、初めて梨絵さんが「ヒューマニティ」に相談に来ました。二日前に電話で問い合わせがあった時、加害者を逮捕してもらったと聞き、私が「よく頑張りましたね」と言うと、「今まで大変でしたねとは言われても、頑張りましたね、と言われたのは初めて。私はその言葉がほしかったんだと分かりました」と梨絵さんは笑いました。

お会いしてみると上品でさわやかな雰囲気の女性でしたが、「もし不起訴になった場合、どうしたらいいのか意見を伺いたい」と言います。私は、加害者の心理は変わっていないので釈放されたら危険であることを前提に、以下のアドバイスをしました。

①検事に起訴してほしいと訴える（被害感情の強いことを伝える）。

②もし不起訴で出てくるなら、検事と警察署長あてに念書を入れさせるように要望する。その内容は、宅配ピザや掲示板の件を認めて謝罪する、これからは接触しないと誓約する。私（筆者）と会いカウンセリングを受けること。

③釈放後のことを考えれば、民事訴訟を起こして相手とやりとりをするべき。ガス抜きにはなるし、カウンセリングに導ける可能性がある。

④相手の弁護士から連絡があれば、カウンセリングを要求する。

加害者が逮捕されても、もし不起訴になったらどうしよう、という不安に被害者はさいなまれます。梨絵さんもそうでした。しかし彼女は自分を鼓舞する女性でした。同一八日、「昨日は一日、ベッドから起き上がれず鬱々としておりました。でも、今日はかなり回復し、バリバリ作業をこなしています！」と明るいトーンのメールをくれました。

同二一日、梨絵さんが二度目の来訪。この時は一緒に外でお茶を飲みました。笑顔で起訴決定を喜ぶ彼女に、私は以下のアドバイスをしました。

①釈放後に接触があれば即逮捕してもらえるよう、勾留中にストーカー規制法で警告を出してもらう（警告は発令された）。

②相手方の弁護士から連絡があればカウンセリングを要求する。

③検事にお礼を言う。

七月、横浜地裁で公判がスタート。小堤は「なぜ別れたのか、理由が知りたい」「話をしたくて脅迫文を送ったが、殺すつもりはなかった」「もう一度、会って話がしたい」などと述べましたが、裁判官は「男女の恋愛ではよくあること、こだわっても仕方がない」と言い、さらに家族に対して「彼を看《み》てあげられますか?」と尋ねました。家族は「暴れたら抑えられない、一〇〇パーセント監視はできない」と答えました。

九月二〇日、小堤は懲役一年・執行猶予三年の有罪判決を受け、保護観察処分になりました。観察所は「被害者に一切接触しない」という特別遵守事項を課し、接触は「訪問や電話、メール も含む。違反すれば執行猶予が取り消される可能性がある」と伝えました。

これについては警察も検察も把握せず、確認もしていなかったことが後で問題になりました。小堤の周囲も、特別遵守事項については特に覚えがなかったようです。

同二六日、逗子署生活安全課とストーカー対策室の担当者は、梨絵さん宅に防犯カメラを設置しました。

＊

それからしばらくは何事もなく日々が流れ、小堤サイドから梨絵さんへの謝罪などの接触もなく、私が小堤に会う計画も立ち消えになりました。梨絵さんは私が勝手に何かするのを怖れたのかもしれません。とても不安だったのでしょう、私には小堤の名前も知らせてはいませんでした。私から強い提案をするのは遠慮しました。

そして二〇一二年三月、近況確認の上、逗子署は対応を終えましたが、三月末には再び大量のメールが届きます。連絡を受けて私は、非常に悪質で危険なので、すぐに逮捕してもらうようにと伝え、四月九日、梨絵さんは逗子署刑事課に逮捕を願い出ました。

しかし、梨絵さんから「メールを読んでもらいましたが、『内容が民事的要求で身体生命に危険があるとは認められない』と言われて……」とがっかりした声で報告がありました。私は驚いて「これは御礼参りだから、食い下がって頼んで。検事さんにもね」と伝えました。

五月九日、逗子署から「身体、生命に危険があるとは認められないので逮捕は無理だが、注意しますか?」と回答。一四〇〇通を超えるメールに関して、検証報告書には「刑事課から署長に報告、署長は生活安全課に連絡、生活安全課はストーカー対策室に相談。結論としては、逮捕はできない」とあります。梨絵さんも泣く泣く、注意は断りました。逗子署は梨絵さんの家のパトロールを強化しました。その後しばらくメールが途絶えます。

警察官に『メール来てますか?』と聞かれましたが、その時は収まっていたし、逮捕されなければ意味がないと思って『静観したい』と告げました。

春頃から小堤は近くのスーパーに買い物に行ったりサイクリングに出かけるなどして、傍目には落ち着いているように見えたそうです。

一一月一日、小堤はクリニックで診察を受け、同五日には調査会社に依頼して梨絵さんの詳細な住所を確認。そして翌六日、「今日はお昼はいらない。出かけてくるから」と家族に告げて出かけていきました。その後、逗子の自宅で梨絵さんの命を奪い、自殺しました。

＊

事件に関して、私は自分を許せないままでいます。危険があることを分かっていながら、もう一歩踏み込むことをせず、結果的に取り返しがつかない事件となってしまいました。

ご主人は、大変な事態の中でも、梨絵さんがつとめて明るく振舞っていたことを知りました。私に相談なさっていたこともご存知でしたが、深刻な話しぶりではなかったようです。梨絵さんはおそらく、気持ちの上でも結婚生活を守りたかったのでしょう。以下は、ご主人の言葉です。

「探偵会社がたった一日で番地まで調べ上げてしまった。これでいいのか」

「生活安全課、ストーカー対策室、刑事課と、密に連携が取れていない」

「二人とも保護観察所の特別遵守事項のことは知らなかった。警察や検事も知らないでいたとは」

「警察は危機が迫っている人間の言葉を聞く姿勢ではなかったと感じます」

「もし妻が殺されず、相手も死なずに捕まっても、ずっと狙われたでしょう。生きるも死ぬも地獄、一生、隠れて生きるしかないのか？　加害者の治療と更生がなければならないのでは……」

ご主人の言葉通り、もし小堤を再逮捕しても死刑にならない限り、彼が心を入れ替えない限り、梨絵さんは生きていたとしても命を狙われ続けたことでしょう。その本質的な問題に気づいた梨絵さんの兄は、事件の後、加害者治療ための研究会を立ち上げました。これまで日本では加害者治療は未開といっていい分野でしたが、今後できるだけ早急に、積極的に取り組むべきだと私は思います。

警察との付き合い方

ストーキングか熱心な求愛行動か、つまり、刑事上の不法行為なのか民事上のトラブルなのか、境界線が見えにくい場合がよくあります。

警察がなかなか警告を出さない理由の一つは、非常に強い権力を持つ警察組織が民事上の問題に介入するのを自戒するからで、二〇一二年の統計では認知した一万九九二〇件の事案のうち、警告を出したのはわずか一割にとどまっています。

ストーカー行為にあたるかどうかの判断は、被害を申し出た人が相手からの接触を明確に拒否しているかどうかによります。警察に出向いた被害者がまず聞かれるのが「接触を拒否しましたか?」ということです。

拒否して当然ではないか、と思われるでしょうが、一旦ハラスメントの被害者になったら、拒否すること自体が難しくなるのです。

ストーカーは声が大きく、弁が立つ人が多いという印象があり、相談に来る方の半数も、「一緒にいるのは疲れました」「私はあなたにふさわしくない」など婉曲な言い方をしていて、明確に拒否していないのです。

それは男性被害者も同じで、「もう俺に連絡しないでほしい」ときっぱり言えないのは、「私が死んでもいいのか」などと脅迫的な反撃を受けるのが怖いからです。

ストーカー規制法の問題は、警察しか対応できないようになっていることです。これは被害者にとって非常に辛いところで、加害者に苦しめられている最中に、警告を出してもらうべく警察とも熾烈《しれつ》なやりとりをしないといけない。警察署に出向くまでの決意も大変で、やっとたどり着いた末に警察署で疲れ果ててしまいます。

ストーカーに苦しむ人間にとって、警察は最大の味方です。身の危険を顧みず、加害者と対峙《たいじ》してくれる組織は警察だけなのです。そもそもストーカーという蛇に睨まれた蛙のような心理状態で、そのうえ警官がコワモテだったりすれば、被害者はますます縮こまってしまう。他方、加害者は、被害の訴えにも平然と嘘をついたり、しばしば被害者ぶったりもします。それをまた警察官から聞かされるストレスもある。証拠が不十分だと言われ、なかなか対応してくれない苛立ちも被害者をいっそう苦しめるのです。

ただ先述の通り、ストーカー事案の相談には、単なる嫌がらせやよくある男女のいざこざのように見えながら、中には凶悪事件に進展していくケースも紛れています。

それを見極めるには、どうしても加害者の心の奥に踏み込む必要がある。しかし、心理の専門家ではない警察官に、そこまで期待するのは難しいでしょう。

私が警察に期待する具体策は、早めに正式な警告を出してくれること、その時は被害者に対して、一時身を隠すぐらいの安全策を講じるように指導してくれることです。

警告は、「警告申出書」を正式に提出しないとしてくれません。申出書がない口頭警告は、注意の意味の警告に過ぎず、法的効力がありません。

告訴ともなれば、なおさら自分の意思をしっかり伝える必要があります。被害者は、「逮捕されても、どうせすぐ出てくる」ではなく、「逮捕されて、ようやく優位に立てる。本当の勝利、解決に向けて対策を打つ時間ができる」と考えるべきで、攻守交代のターニングポイント、本当の安心を勝ち得るスタート地点と位置づけるのです。

告訴する場合、弁護士に告訴状を書いてもらうのが理想的ですが、本来は口頭でもよく、警察署で調書を取ってもらいます。いずれにしても証拠が必要ですから、常々被害は記録して保持しておくことが大切です。

ストーカー規制法の捜査は相当時間がかかりますので、告訴してからの身の安全確保が大事になります。早い段階で居場所や通勤経路を変えるなど、考えうる万全を期すことです。

捜査の筋としてストーカー事案であっても、窃盗、暴行、傷害、脅迫などの事実があれば、先にそれらで告訴することも考慮に入れておくべきでしょう。最近は警視庁、神奈川県警、兵庫県警などでストーカー対策のプロジェクトチームが立ちあげられ、被害相談の時から刑事が加わるようになりました。

ストーカー規制法違反の証拠固めは案外難しいのです。相手のメッセージが「殺したい」ではなく、「死にたい」「愛している」というものだったり、嫌がらせが高価な贈り物だったりすると、犯意を裏付けるのは簡単ではありません。

待ち伏せや監視、「粗野又は乱暴な言動」も、規制法第三条の「身体の安全、住居等の平穏もしくは名誉が害され、または行動の自由が著しく害される不安を覚えさせてはならない」に明らかに抵触しないと違反にならない。

私の最近扱った事案では、「警告」は比較的早かったものの、警告後エスカレートしたストーカー行為に対しては対応に時間がかかりました。結局、加害者逮捕に漕ぎつけるまでに、告訴してから一ヶ月以上が捜査に費やされたのです。DV防止法の保護命令が二週間程度で出されて、違反すれば直ちに逮捕されるのとはずいぶん違いがあります。

千葉母親刺殺・次女連れ去り事件

二〇〇九年七月、千葉県内で六〇代の母親が娘の元交際相手に刺殺される事件が発生。当の次女の行方と安否も分からなくなりました。

この事件の一ヶ月前にも次女は男に連れ去られて行方不明になり、一週間後、愛知県内で保護されています。所轄の愛知県警豊田署は男が「無理に連れ回してはいない」と言い、次女も「一緒だったが逮捕監禁ではなく、被害届を出す意思はない」と言ったことから、双方の親族を呼んでその日のうちに別々に帰宅させたそうです。

私は、これは大きな判断ミスだったと思います。二人は交際を始めて半年足らずで男の暴力が原因で別れ、その後も男は執拗に嫌がらせメールを送っていた。さらに事実、一週間も次女を連れ回している。

そもそも豊田署が介入したのは、次女がコンビニに駆け込んで助けを求めたからで、彼女が被害者であるのは間違いないことです。にもかかわらず、被害届を出すと言わないのは何か理由があるのでは、と考えるのが当然です。

警察官は、被害者が加害者を訴える際の恐怖心についてもっと知るべきです。散々虐待されていながら、「処罰を求めます」と言うのは、とてつもない勇気が要る。後でどんな報復をされるかと思い、怯えきっているのです。

次女も恐怖にとらわれていたのか、あるいは「逮捕監禁」といういかめしい法律用語に対して自分は当てはまらないかも、と危惧したためか、とにかくこの時点で被害届を出さなかったことが後で重大な結果をもたらしました。

豊田署から連絡を受けた千葉県警の対応にも疑問が多く、自宅に戻った翌日に次女が相談に行った千葉北署は、その日のうちに男を呼ぶなり身元引受人宅を訪問するなりして、少なくとも男の様子を見るべきでした。豊田で保護されてから殺人と二度目の連れ去り事件が起きるまでの約一ヶ月、ストーカー規制法違反の疑いで捜査していたとはいえ、無策同然の状態に被害者を置いたことが決定的でした。

次女は警察で、「（連れ回されている間）男から刃物で脅されていた」と話していた。証拠の刃物も提出されている。立派に脅迫罪が成立します。豊田署も千葉北署も、先に脅迫罪で告訴するように促し、直ちに男を逮捕すべきでした。

次に、これとは別の事件ですが、同じように家族が犠牲になったケースを取り上げます。警察の対応が大きく問題視された長崎県西海市での事件で、ご記憶の方も多いと思います。以下、この事件の経過を振り返ってみます。

長崎西海市事件の記録

二〇一一年一〇月、被害者の父親が「千葉にいる娘が暴力を受けている」と実家のある長崎県警（西海署）に相談。この時点で、事件現場の千葉県警（習志野署）、加害者の実家のある三重県警（桑名署）ともにストーキングの事案を把握した。

十一月、習志野署が加害者に口頭で警告し、娘は長崎の実家に避難。西海署で「傷害で被害届を出したい」と相談するものの、「事件が起きた場所の警察署へ出すように」言われる。習志野署が加害者に二度目の口頭警告。

同月、西海署に無言電話が続いていることを相談。父親と娘の同僚が千葉にある娘の自宅マンションで侵入の形跡を発見し、習志野署に通報したが対応せず。このあと加害者は「居場所を教えなければ、周りの人間を殺して取り戻す」という脅迫メールを女性の友人や同僚らに送信する。

　脅迫メールについて西海署と習志野署は「メールを受けた人の居住地において相談を」と対応せず。桑名署では加害者の実家の巡回を依頼するが「西海署と習志野署に確認する」と言ったきり、巡回せず。

　一二月五日、女性と父親が習志野署に告訴に出向くが、「刑事課が一人も空いていない。一週間待ってくれ」と受理されず。

　八日、加害者が桑名の実家を飛び出し、翌九日未明にマンションのインターフォンが鳴り、ドアを叩くような音がする。父親が習志野署に通報するが「顔を確認したか？」「逮捕はできない」と言われて帰る。その後マンション前にいた加害者に職務質問、習志野署は加害者の父親を電話で呼び出し、父親の説得で加害者は出頭。習志野署は三度目の口頭警告をし、加害者の両親に「息子を実家に連れて帰るよう」指示。

　一二日、加害者から娘に「被害届を出したら殺すぞ」という脅迫メール。

　翌一三日、男がマンション前をうろつく。父親が習志野署に通報するも「まだ書類が整っていないので逮捕できない」との返事。

　一四日、加害者は三重の実家に帰るが、父親の顔を殴って自宅を出て行方不明に。桑名署は長崎県警に連絡せず。加害者の父は被害女性の父と面会し、「警察に息子を逮捕してほしい」と漏らす。習志野署が被害届を受理。

一六日、被害者の父親が習志野署に挨拶した後、妻と電話で会話するが、すでに祖母は殺害され、加害者は外に潜んでいた。妻は電話を切ったのちに殺害される。翌日、長崎県警が加害者を逮捕。

＊

三県警には他県の警察からも多くの批判が出ましたが、私が感じる三警察署の問題点は以下の通りです。

①最初の相談があった時に、傷害事件（親告罪ではない）として直ちに捜査して逮捕すべきだった。

②相談にあたった警察官の対応を、習志野署長がチェックしていたかどうか。

被害相談すべての事案を署長が把握するものではないので、被害届の不受理という曖昧な対応をされるぐらいなら、一一〇番通報したほうがよかったかもしれません。

一般に一一〇番通報は一一九番と同様、緊急時や現行犯でないとだめだと思われていますが、そんなことはありません。一一〇番すれば署長から県警本部まで把握することになり、「また今度来てください」というようなことはない。どこの警察の何課に相談しなさい、と必ず具体的な指示をしてくれます。署長が当初からこの事案を知っていたなら、これほど最悪の展開にはならなかったのではないでしょうか。

③本来、相談内容がストーカー規制法違反に当たることを習志野署が見逃し、法的効力のない「口頭」での警告ばかりしていたこと。

同規制法にもとづく正式な警告は、被害者からの「警告申出書」を受け、警察署長が「文書」にて発します。この警告を発していれば、その後のメールやマンション周辺のうろつき、友人たちへの脅迫メールなど、どれ一つでも逮捕につなげられた。令状なしの緊急逮捕もできたはずです。

④友人や同僚に送り付けたメールについても、職務熱心な警官なら被害届を出すようアドバイスしたのではないか。

⑤女性が長崎の実家に避難した後、三県警は緊密に連絡を取り合い、加害者の動向を厳しくチェックし、行方不明になった時点で直ちに桑名署は西海署に連絡を入れるべきだったが、それをしなかった。

個々の警察署が担当する所轄の問題（いわゆる縄張り意識）はかねて言われるところで

す。都道府県をまたぐ事件は警察庁が指導しますが、被害届が受理されていなかったことで、殺人事件が起きるまで警察庁は関与できなかったようです。

⑥三警察署とも、相談や被害届に対して「居住地で」「被害地で」と、たらいまわしのような指示をしていること。

そもそも被害届も告訴も全国どこの警察署で出してもいいはずで、頼みの警察に門前払いされた格好の被害者は本当に悔しかったと思います。

⑦加害者がどんなに危険な精神状況なのか、警察は決定的に認識不足だったこと。

従来型の犯罪動機とは異なる心理的動機を持つストーカー事案では、被害者が遠方に避難したら安全という考え、家族までは狙われないだろうという考えは捨てなくてはなりません。すでに傷害事件を起こしているストーキングの再犯者については、警察は身柄の一時拘束をまず考えるべきだと私は思います。

相談よりも具体的要望を

警察の不作為が大きな問題となった桶川事件（一九九九年）では、ストーカー被害の末に刺殺された女子大生の遺族が、国家賠償法に基づいて埼玉県を訴えました。

しかし、判決は嫌がらせ行為の一部について捜査の怠慢を認めたものの、「県警の捜査と被害者殺害との因果関係はない」として他の請求を退けました。原告側の控訴も棄却されるなど捜査当局にとっては甘い処断が、後の禍根となったとも言えます。

私の経験からみても、県警、警察署、また警察官によってストーカーへの対応は様々です。身を粉《こ》にして何とか被害者を助けようとする警察官も大勢います。

事件が起きるたびに、そうした熱心な警察官がどんなに腹を立てているか、想像に難くありません。しかし、事件を未然に防ぐ努力はえてして表に出てこない。警察という組織では、犯罪予防よりも犯罪捜査と検挙に高い評価が向けられがちです。

一般論として、ストーキングの被害者は警察にすべて委ねて救われようと考えると却って危険です。

例えば、被害者が警察で「どうしたらいいでしょう?」と相談します。警察から「心配なら、口頭注意をしてみましょう」と言われても、「相手の反応が怖いので何もしないでください」と言う人も少なくありません。警察には、「警告してください」「処罰してください」という具体的な要望をしっかり持って出かけることです。

また、一度出した被害届や告訴はできる限り取り下げないことです。時間をかけて相談に応じ苦労して調書を作っても簡単に取り下げられてしまうようでは、警察官も「被害者」の申し出に先入観が生まれ、後ろ向きになってしまいます。

中には、「告訴状を持ってくるように」とはっきり言う警察官もいます。被害届だけでは即時の捜査は始まらないという実情もあるので、捜査を望むのであれば、被害届ではなく告訴状を出すことです。

警察は告訴を受理したら捜査に着手する義務が生じますから、傷害や暴行などは親告罪でなくても告訴するように私はアドバイスしています。本来、告訴は口頭でもできますが、口頭で受理してくれなければ弁護士に告訴状を作成してもらうことです。

多数の案件を抱える警察に捜査に着手してもらうのは結構大変で、被害者側も事案を俎上《そじょう》に載せるための工夫が要るのです。

第六章　カウンセリングはどう行われるか――「ヒューマニティ」の方法論

「共依存」という被害者の病態

心が病態にあるのは加害者だけではありません。ストーカー問題が起これば大抵の被害者は神経症に陥り、「私が悪いのかもしれない」と自己否定したり、「何をしても別れられないなら、別れずに死んだように生きればいい」とまるで殉教者のように自己を放擲《ほうてき》してしまうこともある。こうした人にもカウンセリングが必要です。

被害者はまず、自分が被害者だという自覚を持つことです。相談に来た当初は、「自分も悪い……」と言う人がとても多く、その気持ちが告訴をためらわせている。なので、私は、「どんなに自分の性格や態度が悪かったとしても、ストーキングという犯罪の被害者になるいわれはない」と言います。

被害者の怒りを復帰させること、そして、自分には自分を守る権利があるという当たり前の意識を持たせることがスタートです。

被害者の中には、「誰も助けてはくれない」「助けてもらう価値も自分にはない」と不安と悲嘆に暮れている人がいますが、これは「共依存」という心理的病態です。「もしかしたら、あの人は今度こそは変わってくれるかもしれない。今度こそは、分かってくれるかもしれない」と思い込む共依存の関係は、火がついた家の中で、それに気づかず二人きりで争っているようなものです。

誰かが飛びこんで「火事だ！」と叫ばなければ、出てこない。誰かの客観的な介入がなければ、加害者も、そして被害者も容易には抜け出られないものなのです。

それでも外部に相談できる被害者はまだ理性を持っていますが、前述のように（六五頁）共依存が進んで「感応」や「マインドコントロール」の中にいると、火事と言われても認めようともしない、認めることができなくなる。そういう被害者の救出は、私の仕事の中でも最も難しい部類に入ります。

人生を邪魔する者と闘う決意

三〇代後半の女性が、一年間交際して別れた男性からストーキングを受けました。交際中から「もし別れても、一生友だちでいること」を誓約させられ、恋人関係を解消してからも三年間はせっせと友だち付き合いをしたそうです。

その後、彼女には新しい恋人ができた。それを知った相手は、「裏切り者」「会社に乗り込む」「慰謝料を払え」などと激しい言葉で非難し始めました。会社にも毎日電話がかかってくるようになり、一度は彼女も「では、話し合いましょう」とメールを送りましたが、切羽詰まって私のところに相談にきました。

いつも思うのは、相談は「リスクの段階」で来てもらいたいということです。その段階ならわざわざ私が出て行かなくても、アドバイスをしながら、被害者は上手に船を漕いで向こう岸にたどり着けることが多いのです。この場合は、新しい恋人ができたことを知られる前の段階です。

私は相手に電話を入れました。「一生友だちでいるという約束は常識ではおかしなもので、守る義務は彼女にはありません」と言うと、男性は「二人の関係に口を出さないでくれ。常識なんて話は聞きたくないし、偉そうなことを言って後悔しないように」と介入を拒否しました。

一度拒否された後どう動くかはケースバイケースですが、この場合は女性が警察に警告を申し出て、民事でも争うことにしました。女性も、「新しい恋人と結婚したいので絶対に屈しません。解決します」と決めた。覚悟を決めた途端、彼女の心は明るさを取り戻しました。

しかし、警察は警告するかどうか二週間も検討し「まだ警告はできないので、口頭で注意します」と女性に報告してきました。女性によると、彼女の前で相手に電話した警察官は「うんうん」と頷きながら、「あんたの気持ちも分かるよ、確かに話し合いたいですよね」などと言いながら、実に一時間半も話したという。「彼にはもう電話しないように言ったからね」と言われても、不安はぬぐえませんでした。

その日、男から電話がありました。「小早川さん、あなたを名誉毀損で訴えます。今日、警察官に質問しました。僕の要求が非常識かどうか、僕がストーカーかどうか。でも警察官、つまり国家が僕は『ストーカーではない』と認定したんです。あなたが僕をストーカー扱いした責任を追及します！」。

私は、「好きにしてください」と言って電話を切りました。女性は警察官に、ストーカー規制法に抵触しない理由は「では、話し合いましょう」というメールにあり、それまでの電話や暴言はつきまといにはならない、と言われたそうです。

もちろん、彼女は会いたくて「会いましょう」と言ったのではない。会社に電話されるのが嫌で、説得のために話し合いを求めただけです。被害の本筋を理解せずに杓子定規《しゃくしじょう》《ぎ》に受け流し、長時間加害者と話し合う警察官など噴飯ものです。

挫けず頑張る彼女に菫《すみれ》の砂糖漬けをプレゼントすると、御礼のメールがありました。「最近は日毎に安心の思いを実感し、日常生活を取り戻そうという気持ちになってきました。先生がおっしゃったように景色が違って見え、桜も薄墨《うすずみ》色に見えたモノトーンの世界が、新緑の世界に変わりました。お別れはまだ寂しいです」

相談に駆け込んできた時の影の薄さと強張った顔、「私は被害者なのでしょうか？」と怯えていた姿とは別人です。

自分本来の人生を取り戻したいと願うことは、それを邪魔する人間と闘う決意です。決意した被害者は本来の顔や声、価値観を取り戻す。それを見るのが私の喜びです。

他人任せの自己保身

当人に明確な意思と闘う決意が感じられない、他人任せの対応ではかえって事態がややこしくなりかねません。次のような相談には頭を抱えてしまいます。以下は、ある女性の依頼メールと私の返信です。

「先生から話して下されば、彼も諦めるかもしれません。これ以上、恨みを買いたくないので、彼が受け入れやすいように伝えてください。私に近づいたら悪いことが起こる、とわからせてください。それでもラインを踏み越えて来た場合は、容赦なく徹底的な対応をお願いします。私の人生から彼を去らせてください。おまかせいたします」

「あなたは甘えています。誰も他人の行動の制限などできないし、人生から去らせることもできない。彼の手足を縛ることも、意思を操作することもできません。あなたのできることは、あなたの意思を示すことで、相手に影響を与えることだけです。法律があるから自然に守られるのではなく、法律は、法律上の権利を主張する人を守ってくれるのです」

　身勝手としか言いようのない相談もあります。

「彼の嫌な部分が見えてきたので別れたいんです」

「なら、別れたらいいでしょう」

「でも、彼は大手の広告代理店に勤めていて、色々なイベントに参加できるメリットがあるの。それを失いたくない」

「じゃあ、嫌でも付き合えばどうですか？」

「私、イベントには参加しても普段のお茶の誘いは断っていました。メールはともかく、電話は『忙しいから止めて』と言ったらメールも来なくなって困っていて……」

私は「お力になれません」と電話を切りました。

出会う、愛する、愛されること、または得することに関する情報は昨今巷にあふれ返っているのに、嫌いになったら、嫌われたら、別れたいと言われたら、については圧倒的な情報不足だと私は思います。

人間性という腐植土から

私が主宰する会の名称「ヒューマニティ」(hmmanity)の語源は、ラテン語の「腐食《ふしょく》土」(humus)です。確かに、人間性の特質はどこかひねくれていて、わざわざ自分を苦しめる情報を拾いたがる、心が痛めばさらに痛めつけたくなる、嫌なニュースを好んで見る――など、不合理ながら誰にも多かれ少なかれある欲望でしょう。

故・立川談志さんは「酒を飲んで人間はダメになるんじゃない。酒を飲んで人間はもともとダメなんだと分かる」ということを言いましたが、私も、人間はもともと良くも悪くも様々な要素の交じり合った「腐食土」、どうしようもない存在だと感じます。

けれど、泥の中に根を張って花を咲かせる蓮のように、そこから美しい花が咲くこともある。当会の活動目的、「ハラスメント被害者の救出」とは、徹底したカウンセリングによってひねくれた腐植土の中に「芽」を探し出し、ついには開花させることなのです。

別れる時の男女の諍《いさか》いは、まさに生存本能をかけた闘いです。もつれて激しく攻撃し合うのは、どうにかして自分の遺伝子を残そうとする闘いのようにも映ります。

攻撃欲求が起きたら、自分はヒトであり、第一信号系の本能行動の影響を受けて生存していることを思い出すべきです。すると、本能行動を抑制する思考との摩擦が「欲求」の正体であると意識でき、「欲求」と「自分」との間に距離ができる。欲求と自分とはイコールではない、と分かってくるのでコントロールしやすくなります。

感情を扱うことは、ストーキングから離れる前提、基礎体力のようなもので、トレーニングすればできるようになります。「彼（彼女）が悪い」を「私は彼（彼女）が悪いと考えます」と言い換えさせます。言葉が変わると、心境も変わります。「私は空腹だ」を「私は空腹を感じている」に、「私はあいつが憎い」は「私はあいつを憎いと感じています」に言い換えてみる。相手の目の前で手首に刃物を当てて、「分かってくれないなら、死ぬ」と言ったり、「死んでほしい」「仕事をやめろ」というメールを送ったりするのではなく、「私は悲しいです」「私は××してほしいのです」と、自分の感情を感情的にならずに伝える。それが第一歩です。するとその感情の所有者はまさに自分自身であることに気づくのです。

自分の感情は、誰かにぶつけるのではなく、自分が責任を持って処理するものです。相手を攻撃するストーキングという手段の代わりに、正々堂々とした方法で自己主張できるようになります。

次の段階では、自分と同じように「相手が何を考えるのも、感じるのも自由だ」ということを徹底的に理解させます。自分を嫌いになっても、それが誤解から来ているとしても、相手の自由なのです。「私をずっと愛し続けて」という自分勝手な主張、「愛してるって言ったじゃない、言葉に責任を持ってよ」などと相手に責任を押し付ける主張から降り、自分から手放すことができるようにカウンセリングをします。

こういう心の方向転換は新しい芽が出てくる姿そのものです。腐植土に深く埋もれ、他者批判と自己憐憫に陥っている人が再生するには、どんなに小さな隙間でもいいから切り拓き、そこから葉を広げ、茎を伸ばして立ち上がるしかありません。

一度きりの人生を腐植土の中で苦しんで生きるのではなく、未練を捨てて方向転換し、花を咲かせてほしい。「もうストーキングはしない。自分で独立して生きていきます」と宣言してほしいのです。

以下に紹介するのは、ある二〇代の女性ストーカーによる自作の詩です。カウンセリングで「寂しい」と言ってよく泣いたその女性は、やがて自分の孤独に向き合えるようになり、ある日、「私みたいな人がいたら読んであげて。あなた一人じゃないよって」と言って手渡してくれました。


私は誰のために生きているの？

私は何のために生きているの？

私は透明な存在である。

毎日外出するが、口をきくのはせいぜいお店の店員さんか、心ない黒服のキャッチスカウトをかわすときだけだ。

私はいったい何のためにお化粧しているの？

誰のために週一回美容院にセットに行くの？

誰が見てくれるの？　誰のためにおしゃれをするの？

親にも邪魔にされ、私を必要としてくれる人もいなければ、その服可愛いねってほめてくれる人もいない。

私は透明人間である。

私が手首を切っても、首をつっても、きっとこの世で驚く人も悲しむ人もいない。

私は何のために生まれてきたの？

ねえ、誰か教えて。

居場所がない。見つからない。

未来に期待はできずに、私が思ったこと、感じたことを分かち合える人もいない。

私なんて、本当は生きている資格さえないんだ。

神様、私なんかが生まれてしまってごめんね。

ボーダーライン、人格障害、人は言うけれど、

私だってみんなと同じようにバリバリ働きたい。

楽しく馬鹿話して笑いたい。

大好きな人と手をつないで歩きたい。

親ともっともっと話したい。
私はどうしてうまれてきたのかなあ？
誰かのためになっているのかなあ？
どうして世の中の人に認めてもらえないのかなあ？
辛い、苦しい、悲しい。

非武装地帯、「閾」として

ストーカー問題を扱う専門家はいますが、被害者か加害者どちらかの相談には乗っても、双方と会ったりカウンセリングをしたりする人はほとんどいません。かえって問題をこじらせ、危険な事態を招く可能性があるのでタブーという見方が多数のようです。私自身、自分の方法論が正しいとは断言しません。

しかし、活動を始める動機となった自分自身の被害体験では、とにかく誰でもいいから相手と会ってほしい、私の盾になってほしい、私の考えをきちんと相手に伝えて誤解を解いてほしい、相手に影響を与えて問題を解決してほしい、そう切望していました。

そして、私のところに相談に来る人のほとんどが、私に介入してもらいたいという期待を抱き、実際に効果を上げてきたことは事実です。

戦争状態のような人間関係に介入する私のポジションは「非武装地帯」とも、「閾《いき》」とも呼べるように思います。言い換えれば潜水艦の気密室のようなもので、二人の人間が直接ぶつかりあいをしなくてもすむようにする役割です。

必要な意思疎通をそれぞれの心を攻撃しない形で行うのは、同時に二人と関係していないとできません。気密室があり、安全に意思疎通ができれば、お互いの考えを冷静に受け止め、自分の気持ちも整理して語れるようになる。加害者が何を感じようと考えようと自由ですが、気密室では「常識のフィルター」がかけられているので、気持ちを伝える言い方のレッスンを受けることになります。

伝え方としてストーキングは最低の手段だと分かること、それを止められるようになれば半分回復していると見ていいでしょう。

「介入しても解決できず、事件が起きたら責任をとるのか」と言う人もいますが、カウンセラーに犯罪阻止まで求めるのは本来的に無理があります。そこまで求めたら、誰も加害者のカウンセリングなどしなくなるでしょう。

カウンセラーにせよ医療関係者にせよ、回復を望む人がいれば加害者であっても助ける、手を貸す、という判断は自然です。そうした職業意識を有効に活用することです。犯罪を起こす前にカウンセリングに結びつけられたら、殺傷事件は確実に減る。介入しなかったために事件が起きるなら、それこそ責任を負うべきでしょう。

カウンセラーは、警察を味方として直ちに法的対処をとれる態勢のもと、積極的に関係療法につなげるような役割を果たすべきだと私は考えます。

ストーカー問題の最終的解決には、単に心理学に詳しいだけでなく、誰にでも会える行動力、豊富な事例の経験、法律と医療のグレーゾーンについてよく理解している専門家が必要なのです。私の場合、加害者に向き合う手順は次の通りです。

①ストーキングは違法行為であることを教える。
②どんな時でも、常識は伝え、言い放つ。
③被害者の気持ちを伝える。多くは接触を止めてほしいということ。理由も伝える。
④被害者に伝えたいこと、聞きたいことがあれば私を通すように依頼する。
⑤直接の連絡はつきまといになること、止めなければ警察に通報すると伝える。
※警告、または逮捕されたのちもカウンセリングを継続する。

⑥双方の債権債務の整理をする。（被害者にも落ち度がある場合がある）
⑦こだわる細部をともに検討し、答えである「鍵」を見つける。
⑧感情は、所有者である自分自身に処理する責任があることを徹底理解させる。相手に感情処理の責任を持たせようとする立場から降りるのを待つ。
⑨相手に依存する心理、もとからあるコンプレックスや孤独を受け入れるサポートをする。
⑩解放の「扉」の先＝未来の風景について話を聞く。

カウンセリングは常識を言い放ちはしても、道徳を教えるものではありません。折り合う力や、考え方の違いを認める力を作るものです。折り合えない場合は、カウンセリング以外の解決を加害者と探します。

完治より体質改善を

第三章で述べたように、「ストーキング依存症」であれ「ストーキング病」であれ、ストーキングは薬で完治するようなものではありません。体質改善を決意する、と言うほうが近いでしょう。

何らかの理由で暴走を始めた時に、もしブレーキが機能しなければ第三者が止めなくてはなりません。法律と警察は強制的に止められる唯一の味方ですが、一時は力ずくで止められても、手を放せばたちまち暴走し始める。加害者本人のブレーキ性能を上げるための治療やカウンセリングは、最低限必要なのです。

現在、司法と医療の連携はきわめて不十分ですが、私のところには平均して月に五人程度の加害者の新規相談があり、彼らは法的には加害者であることを認識しているし、治らねばならないということも知っています。

問題は、自らは来ない加害者で、こういう人にこそ何らかの仕組みを作って犯罪前のカウンセリングにつなげる必要があります。誰かが加害者の首に鈴をつけなくてはなりません。

私は、その役割はカウンセラーにあると考えています。被害者との出会いは加害者を知るチャンスと捉え、積極的に加害者に会いに行く。私は実際にそうしてきました。

加害者に会うのは、一義的にはストーキングを止めるよう伝えることですが、それと同時に、加害者の危険度を見極めて対策を立て、重大犯罪を起こしかねない場合は、家族と連絡をとって環境の見直しと治療の手助けをすることです。

当会では、こうしたハラスメント・カウンセラーを養成する講座を開いています。自殺と殺人を防ぐことを第一の目的として、最終的には加害者自らがストーキングから降りる決断をする、心の方向転換の支援を続けていくのです。

被害者を救うことを第一義とした、いわば犯罪の蛇口を締める取り組みです。

第一目的は犯罪防止

カウンセリングの第一目的は犯罪防止です。治療・治癒を最優先する医療や従来のカウンセリングとは、プリンシプルが異なります。

従来のカウンセリングの原則は、①共感する、②中立性を保つ、③自発性を重んじて待つ、ですが、治療が達成されるまでに加害行為が起きないような配慮が必要になります。

ですから、短期的には、加害者の危険度を見計りつつ、①教育（常識は言い放つ）、②介入（当事者、警察、弁護士と協力して不法行為を止めさせる）、③援助・便宜（精神科医療での治療の勧め、相手との和解などの現実的援助）を試みます。

被害者が相談に来た時すでにデインジャーの段階（一〇九頁の図参照）であれば、私はすぐに相手に電話をします。被害者は、勝手に電話番号を教えたと批判されるのを怖れるので、最初は相談者から相手に電話かメールをします。

相談者は緊張しますが断りはしません。いよいよ第三者が介入してくれる、という希望が力になります。

「もしもし、〇〇です。今、カウンセリングに来ています。カウンセラーの方があなたと話したいと言うので電話しました。代わります」

相手もそれまでは電話にも出てもらえなかったわけですから驚きますが、とにかく風穴があいたという喜びがあるようで、そのまま私と話をします。

こういう介入方法、連絡窓口としての介入に対して、加害者を喜ばせるから反対だとする意見があります。確かに、相手に「とうとう連絡が取れた」という手ごたえを与えるのを恐れる被害者もいます。

しかし、私はそれこそ被害者心理のなせる業だと考えます。客観的に見たら、ストーキングは自然にはなくならない。時間とともに消え去るものではないのです。再び相手の餌食になるような介入はNGですが、降りかかる火の粉を無視していてもよいことなどありません。

「カウンセリングにあたっては彼女の話だけでは分からないので、あなたのお話もお聞きしたいのです。また、あなたも実は苦しいのではないかとも想像します。よければ、お会いして話を伺いたいのですが――」

こう申し入れをすると八割がイエスと答えます。もしノーであれば、「彼女の精神を守るために、今後は電話やメールなどの直接の接触は一切やめてください。もし何かあれば私を通してください。彼女も希望しています」とお願いする。私が窓口になる提案をします。

被害者から加害者に「私はあなたからの連絡は苦しいので止めてください。もし何か伝えたいのでしたら、今後はカウンセラーの小早川さんに連絡してください」という証拠のメールをさせます。それを警察で見せれば、相手に対して明確に拒否を伝えたということが分かってもらえます。

どうしても会わなければ危険だと思う時は、強引に会いに行くこともあります。ある地方都市で地下鉄の運転士をしていた加害者と会った時は、運転席の真後ろの座席に座り、終電まで待ちました。運転席から出てきた加害者に「小早川です」と声をかけると、彼は諦めたように肩を落とし、話し合うことを許可しました。

加害者から、「小早川さん、あなたは彼女（彼）のお先棒担ぎでしかない。結局は彼女（彼）の利益のために連絡してきたんですね」と言われることがあります。しかし経験上、こういう解釈もさして障害にはなりません。

というのも、私が相手の前に立つのは、彼（彼女）らと闘うためではないからです。議論や討論はしますが、それが目的ではありません。相手の「問い」に参加して、問題を共にする、一緒に解決の道を探そうとする「対話」の関係がそこにできあがる。その関係自体を拒否されることは本当に少ないのです。

ともに特殊解の鍵を探す

ストーカーは話をする時、誤解されるのをひどく嫌がります。相手が言葉通りに受け取らず、勝手な解釈をするのを嫌う。彼らの話を聞く時は、頭の中を一旦空っぽにしないといけません。

常識のモノサシだけはしっかり置いておくにしても、できるだけ既成の価値観、偏見や先入観は持たず、ひたすら相手の言葉通りに話を聞く。同じ話でも何度も聞くし、

「知っている」とか「前に聞いた」とは決して言いません。「この人は何を望んでいたんだろう?」、「この人は何を望んだらよいのだろう?」、そう一緒に考えながら耳を傾けます。

「生きた心地がしない、早く終わりにしたい」という気持ちは、実は加害者の多くも同じです。

カウンセラーは、被害者と加害者の双方が受け容れがたい痛みを抱えていることを認めなくてはなりません。加害者は痛みを処理する責任が自分にあることを理解しない。しかし、それを指摘する前に、まずは痛みの存在を認めてあげることです。

人は、自分が理解されて初めて責任能力が回復します。ここでいう責任とは、自分を取り巻く現実に対する、自発的な応答力のことです。

痛みを理解されてようやく、痛みに立ち向かう力が自分の中にあることに気づく。受け容れ不可能に見えていた現実が受け入れ可能になる。被害者ならば加害者の要求を拒否し、人に助けを求めるという形で現実に立ち向かえるようになります。

痛みを理解しないで説得などするのは、水に潜っている人に「なぜ息を止めているの?」と聞くようなもので、「そうしないと苦しいから」としか答えられない。問題は息を止めなければならない、水の中にいるということです。水の中から出て来るように手を貸すほうが大事です。息を止める必要はなくなります。

自分の気持ちに気づくというのは実は怖いことで、気づきたくないがために心理系の本ばかり読む人は大勢います。なぜなら、解釈の世界にいる限りは安全だからです。

しかし、気づきとは解釈ではなく、理解することです。つまり本当は「問い」を解くことではなく、「問い」を理解することが解決なのです。私と二人三脚で、こだわり続けている「問い」に対する解答（特殊解）を得て、そこで初めて本当の答えは自分の外側ではなく、内側にあることを理解できるようになる。その気づきは出産にも似て、助産師が必要です。私の仕事はそうしたものです。

ゲシュタルト・セラピーの手法

ある日の朝早く、知らない男性から電話がかかってきました。

「ゆうべ警察に連れて行かれてストーカーの警告（口頭注意）を受けました。どうにも怒りが収まらず、このままだと何をしてしまうか分からない。話がしたいんです」

その夜、事務所にやって来た三〇代の男性は寝不足で腫れぼったい顔をして、イスに座ると一気にまくしたてました。

「彼女とは四年前から一昨日まで付き合っていました。それが昨日になって突然ストーカー扱いですよ。半年前、店の開店資金として彼女に三〇〇万以上のお金を貸した。結婚を約束していたし、だからこそ貸したのに、それじゃ足りないと言い募るんです。

僕にはもうお金がないから電話で『借金するから待って』と言ったら、そのうち『お金はまだ？　苦しい時にお金も貸してくれない男なのね』と言われて頭に来て。今までも似たようなことは言われてきたんです。『あなたの長所は気前がいいところなの。お金を貸してくれないなら、いいとこなくなるね』とか。

だから『じゃあ、もう貸さない。好きにしたら』と言うと、『ふうん、別れるってことね。あなたから言うんだから三〇〇万円は返しません』って言われて、『なんだ、その言い方は。バカ野郎！』と初めて怒鳴った。すると彼女の携帯の電源が切れて……」

その後何も連絡はなく男性はイライラを抑えきれず、彼女の家に出かけます。家の外で待っていると父親が出てきて帰るよう促されました。

「腹が立って『あんたの娘は詐欺師だ』と言った。それでも怒りが収まらず罵詈雑言のメールを何通も彼女に送った。言葉が乱れていることに自分でも驚きましたが、それぐらい怒りが溜まってるんだ、ええ、行き着くところまで行ってしまえと思ってしまって」

男性は、女性が返事をしてくれたら謝ろうとも思いましたが、何も返事がないので今度は呼び鈴を鳴らした。それでも出てこないので何度もドアを叩いたら一一〇番され、二人別々に警察署へ連れていかれました。

「取調室で待っていると警官が入って来て、『彼女、あなたと別れるって。だから別れなさい』と言う。『僕は婚約者です』と言っても、『でもストーカーしたでしょう、とにかく別れると言ってんだから』って。『お金も貸しているし、これまで一度も本人から別れようと言われたこともない。信じられない』と食い下がると『じゃあ呼んでくるよ』と彼女を連れてきた。

でも、僕が何を言っても彼女は『もう別れたい』ばかり。入れ替わり立ち替わりやってくる警官に『とにかく別れろ』と迫られ、三時間ほどして僕は別れることを了解しました。だけど苦しくて、辛くて、昨日も一睡もしていないのです」

頭を抱える男性に、私はゲシュタルト・セラピーの手法である「エンプティ・チェア」を施しました。向き合う二つの椅子を用意し、椅子に座り替えながら相手をイメージして会話するものです。以下、「私」と「男性」のやりとりです。

「彼女はどんな顔をしていますか」、「怒ってる」

「彼女に今、何を言いたいですか」、「……ごめん」

ちょっと意外でしたが、彼の顔つきも優しくなっています。

「何を謝るんですか?」、「ひどいことを言ったこと」

「では、ちゃんと謝りましょう」、「A子、ひどいことを言ってごめんなさい」

「では、今度はA子さんになってみましょう」。彼に向き合ったイスに移動してもらい、私がイメージのA子さん（男性）に話しかけます。

「今、彼はあなたに謝っています。何を感じますか」、「私も悪かったし……」

「そうなの?」、「ええ、私も彼にひどいことを言いました」

「謝りましょうか」、「はい。ごめん」

「では、また自分に戻ってください」。彼はまた自分の椅子に移動します。

「彼女が謝っていますが、今、何を感じますか?」、「ちょっとホッとした。でも、別れるってことは自分の口で言ってほしかった。言ってくれなかった理由が知りたいよ」

「質問してみてください」、「A子、教えてほしい」

A子さんの椅子に移動した彼に、私が問いかけます。

「A子さん、彼は理由を知りたいそうです。教えてくれますか?」、「……はい。怖い、怖いからです」

「そうだったんですね。あなたは怖かったのね。だから直接言えなかった」、「はい」

男性はまた自分の椅子に戻ります。

「A子さんはあなたが怖かったと言っています。今、何を感じますか? 静かに目を開けてください」

男性はまぶしそうに目をあけて言いました。

「知りませんでした、あんなに気の強いA子が僕を怖かったなんて。でも腑に落ちました。彼女が直接言えなかったのは僕のせいだった。僕が怖がらせた。納得しました」

男性の顔から剣呑《けんのん》さが消えています。「また相談メールしてもいいですか?」と言って帰って行きました。

彼のこだわりは、A子さんが別れを直接告げて謝ってくれなかったことでした。しかし、加害者から相談を受けて、被害者の協力を得るのはほとんど不可能です。その時は、私はこのセラピーを行い、イメージの相手から回答（特殊解）を得るように導きます。

自分は正常だと思っている人でも、何かの失敗や喪失から、図らずも心のバランスを崩すことがあります。自分がストーキングを始めてしまったら、独りで解決しようとは思わず、サポートを求めるＳＯＳを発してほしいのです。

呼吸を合わせる、常識を言い放つ

ある秋の夜、カウンセリング途上の男性から電話がありました。

「どうしても我慢できなくて彼女の家の庭に入り、今、彼女にもらったスキー板を壊して玄関の前に置きました。警察に通報してください。自殺するよりいいでしょう」

私は被害者宅に連絡を入れ、最寄りの警察署に通報してもらいました。「いま警察が向かっているから、死なない約束は守って」と言うと、小さく「はい」という返事。彼は駆けつけた警察官によって逮捕され、その後、起訴されました。

男性には、二〇歳頃から大きな悩みがありました。一〇人以上の女性に交際を申し込んだものの一度も受け入れてもらえず、生まれて初めて彼女と付き合いました。童貞だった彼は、彼女に馬鹿にされないように容姿や趣味、会話など全ての面で努力し、彼女の趣味に合わせて二八歳で初めてスキー板にも乗りました。

ところがある日、「あなたのセックスはよくない。初めてだからかな」と言われてその場で暴力を振るい、逃げだした彼女に対するストーキングに突入、やがて警察から警告を受けました。以下は、男性の父親の説明です。

「息子は警告されて自暴自棄になり、会社も辞めてしまい、『死にたい』と言い始めました。『彼女に一度謝罪してもらえれば絶対にストーキングしない、忘れる』と約束したので、相手の親にお願いして家族全員でホテルの一室に集まり、そこで彼女が謝罪してくれました。『不本意ですが、収まってくれるなら』と協力してくれたのです。

彼女は泣いていました。相手の家族は『うちの娘が謝るなら、あなたも謝りなさい』と言いましたが、息子は『僕は絶対に悪くないので謝らない。僕がストーキングしたのは全部、彼女のせいですから』と言い張るんです。

相手は驚いて『とにかく謝ったんだから、約束通り付きまとわないでくれ』と言ったところ、息子がまた『その言い方には反省がみられない。彼女も本当は反省していないのでは？』と言い出した。

とうとう相手は『いい加減にしろ！』と叫び、息子も『なんだ、その言い方は。やっぱりこんな謝罪じゃだめだ。会社を辞めるとか金を払うとか、俺と同じように不幸になってもらわないと』と全てぶち壊してしまいました。

あとはもう、『何様のつもりだ！』『バカヤロー！』となって決裂。家でも暴れてボロボロですが、彼女への恨みが高じているので見張っていないと心配で、私も会社を休んで女房と交代で見張っています。何とかしてください」

親に連れられてやって来た彼の眼には怒りと怯えが浮かび、手足は震えていました。まず深呼吸するように言いましたが、二分と続きません。

呼吸はカウンセリングでは非常に大切で、文字通り相手に呼吸を合わせます。すると相手の気分が分かるし、相手も私との会話ができるようになってくる。相手が喘いでいる時に、こちらが平静では互いの溝が埋まりません。相手のハアハアする呼吸と鼓動に働きかけるように「今どんな気持ちですか」と聞くのです。

さて、呼吸を少し整えた彼とのカウンセリングの様子です。

「俺を怒らせないでくださいね」

「そんな意図はありません。でも、怒ったら怒ったと言葉で言ってください」

「その言い方にも腹が立つ。あんたが気をつければいいだろう」

「あなたは警察に警告された。いけないことをしたと思っていますか？」

「思ってない。当然のことを言ったまでだから。でも言って損した」

「もうしない？」

「したくはないけど、しなくてはならないかも。誰も俺を理解しないから」

「どう理解してもらいたいの？」

「俺が死ぬほど辛かったってこと。彼女にセックスがダメとか言われて。親も警察も大したことじゃないって言うけど」

「私は大したことだと思いますよ。辛かったでしょう」

「本当に、そう思いますか？」

「ええ、だから少しその辛さを私に吐き出さない？」

男性には発作的に怒りが高じると制御できない様子が見られたので、医師を紹介して精神科の治療を開始し、薬ももらいました。しかし、冒頭の事件はそんな流れの中で起きたのです。

拘置所からは三日に一度は手紙が来て、「こんなに楽なところはない。好きな勉強をしていて、何より女の顔を見ないですむ。社会に出ればまた忌々《いまいま》しい女たちの顔を見ることになると思うと、出るのが嫌になる」という内容です。

三ヶ月後、執行猶予付きで出てきた彼は、カウンセリングを再開するとこう言いました。

「手錠を掛けられていると言葉が出なくて、法廷で話すのがすごく大変でした」

「そうでしょう。私も時々自分の手を縛ってみるけど、話ができませんよ。手と言葉は連動しているというか、体と言葉はつながっている。だから、あなたの体に対するこだわりは自然なことのような気がします」

彼にとっての「鍵」は、「二九歳まで童貞だったというコンプレックスの辛さを分かってもらいたい」でした。共感を得たかったのです。

「あなたの悩みを理解できる人とできない人がいます。彼女はできない人だから、期待してもダメですよ」

「誰が分かってくれますか?」

「同じ悩みを持つ人。あなただって私のコンプレックスの悩みを理解しないでしょう。でも、私は自分のコンプレックスを大切にしているからね。簡単には公開しませんよ」

「ふうん」

「時々、うなされるほど隠したいコンプレックスを抱きしめていると可愛くなる。あなたは中途半端に大切にしているよね」

「大切になんかしていませんよ。離れないんですよ、やつが」

「じゃあ、お願いしてみたら？」と言うと、彼はエンプティ・チェアでコンプレックスと会話し、最後に「愛し合うのはやめよう、さようなら」と言いました。

そして、「変な話、俺はコンプレックスに悩む男だというプライドみたいなものがあったかもしれない。でも今は普通の男、これまでは普通の男を演じていたけど本当にそうなっちゃった」と言って紅茶を飲み、静かに息を吐きました。

ようやく彼はバランスを取り戻したのです。「空っぽのあなたは笑顔が素敵ね」と言うと初めてニコリと笑いました。「鍵」を手にした瞬間、彼の「扉」は開いていたのです。

「もう彼女なしで生きていきます。その代わり、俺でないとできないことをする。セックスのできない、身体に障害のある人の支援をしようと思うんです。人間、知りたいことを人にうまく教えられるんですよ」

多くのコンプレックスは過去と結びついていますが、それを気にし続ける心理は、今は自転車に乗れるのに、友だちよりその時期が遅かったのを恥じ続けているようなものです。過去は過去として現在から去ってもらうか、大事に棚上げしておいて時々覗く程度にしないと、人は前に進めないのです。

「不測の事態」と「咀嚼の苦しみ」

第三者の介入は、加害者の残していた希望が絶望に大きく傾く時でもあります。ストーキングしている間は、相手が自分のところに戻ってくるのではないか、という期待を多少なりとも抱いていますが、第三者の介入によって世界は一変します。

共通の友だちなら大丈夫でも、相手の親や自分の上司となればかなり動揺する。新しい恋人は絶対NG。弁護士や警察の介入は、加害者に全く見込みがないという自覚を持たせることになります。私は、先陣はできればカウンセラーがよいと考えていて、それは加害者側に極力ストレスを与えずに介入できるからです。

介入は「不測の事態」ですから、キャパシティの極端に少ない人、情報と感情が極端に短絡的な人は、絶望に陥りやすい。

この時、猛烈なネガティブ感に呑み込まれ、この苦しみから解放される道などないと思い込み、ここで初めて相手を殺すことを現実的に考え出す人もいます。

つまり、事案の危険度が一気に高まるのは加害者がストーキングを断念する時だとも言える。ですから私は、警察の警告発令に際して被害者に身辺警護を付けることもあるし、一旦自宅を離れてもらうなど、警戒態勢をとるようにしています。

最近ストーカーが静かだな、と思った時も危ないのです。彼らが理由なく改心するはずはなく、実は危険が閾値を超えてしまっている場合がある。ストーキングの被害者である以上、決して楽天的にならないことです。

ある程度キャパシティのある加害者は、何か他に打つ手がないかと探します。負けるのを覚悟で訴訟を起こす人もいます。私はむしろ加害者には訴訟を勧めることは先述した通りです。

ストーカー規制法は幸福追求権と表現の自由を制限するので憲法違反だ、と訴えた加害者もいました（二〇〇三年、最高裁で棄却）。

いずれにしても、噛めないものでも飲み込まなくてはならないのが人生です。固いものを飲み込むのは苦しいことですし、消化不良も起きます。

カウンセリングでは、一旦は鵜呑《うの》みにしたものの消化しきれないものを吐き出させ、咀嚼《そしゃく》するための手伝いをします。

ちゃんと噛み砕いて理解できるように説明し、納得できない点は一緒に検討を繰り返す。彼らは文句を言いながら、何度も鵜呑みにしては吐き出しますから、カウンセリング中に文字通り嘔吐する人も珍しくありません。私の事務所で暴れ、クッションを蹴飛ばしながら、時間をかけて固いものを飲み込んでいくのです。

固いもの、とは要するに「常識」です。例えば、恋愛はどちらか一方が止めたくなったら理由なく終わり。そういう掟のようなもの。道徳よりも強いものです。

カウンセリング中に気分が悪くなるのは女性に多く、「彼とは絶対に離れられない、死にます」と喚いて気絶する女性もいました。そういう場合はすぐに一一九番しますが、救急車に乗せられて行くとたいていは意識が戻り、落ち着きます。

男性は気分が悪くなるより、暴言を吐いたり、物に当たったりします。「相手の女性はあなたを嫌いになった。それだけです」と言った途端にテーブルをひっくり返したり、郵便受けを蹴りまくって壊した人もいた。そういう時は私が一一〇番することもあるし、暴れるので体を押さえたら自分で警察を呼んだ男性もいました。

そういう辛い経過をたどりながら、最終的にはほとんどの人が常識を飲み込む決断をします。「一度は腑に落ちたのですが、やっぱりまた腹が立って、もう一度カウンセリングを受けたいのですが」という人もいれば、ただ顔を見に訪ねて来る人もいる。

中には一〇年も反芻《はんすう》している人もいますが、私はそれでいいのだと思います。現実世界で事件を起こしてしまうより、カウンセリングルームで安全に再検討するほうがずっといい。この男性は結婚もして父親になっていますが、半年に一度くらいはこんな電話があります。

「やっぱり僕は被害者ですよ。あいつに『モテない顔ね』と言われたことでどんなに苦しんだか。小早川さんも、そろそろ僕が被害者だと認めてください。そしてあいつに言ってください、心の傷は一生消えないって」

私が「じゃあ、傷を点検するからまた来てはどうですか？」と言うと、

「僕を死ぬほど苦しめたあいつにカウンセリングをしないのは不公平だ」と言う。

「でも相手のことはあなたには関係のないことです。あなたは自分の問題だけに取り組むべきでしょう」

と言ってもなかなか頷いてくれません。

別のある男性は別れた妻を追いかけていて、私に調査を依頼してきました。私が断ったら他の調査会社に頼むのは明白でしたから引き受けました。逃げている妻は私からの

連絡に驚きましたが、「いつまでも逃げていても仕方がありません。離婚したいので、安全に話し合わせてください」と頼みました。

月に一度、私を交えて一時間の話し合いを行いました。もちろん、行き帰りは妻が尾行されないようにしました。三者のカウンセリングが一年を過ぎたころ、まるで「鍵」がカタンと回ったかのように男性は気づきました。

「僕、決めました。僕はA子（元妻）のファンになります！　夫でなくても、ファンとして愛するだけでも生きていける」

彼は、自分が元妻を愛し続けられる心のポジションを自分で見つけ出した。そして二人は離婚しました。

カウンセリングその後

誤解があるといけないので申し上げると、当会は、事案に介入しても、被害者に頼まれない限りは被害者の情報を加害者に伝えません。その逆も勝手にはしません。

ＤＶ事案の相談があった場合、当会の初動介入は、まずは被害者を隔離すること。親族などが頼れない場合は、警察やシェルターと連絡を取り、安全に被害者をかくまいます。最終局面とも言える逮捕後の公判や、民事訴訟や調停でも、出廷後の帰路の尾行を危惧する被害者には身辺警護をつけることもあります。

ストーキングであれＤＶであれ被害者の安全、居所、情報は最優先で守っています。私は、何をするにしても、被害者からの依頼と私の受任という委任関係を前提として活動しています。

問題が収まった時には、加害者と通じる私との縁すらも危険なものとして感じられるのは自然なことです。被害者から連絡がなくなれば、私から被害者に連絡することは余程のことがないかぎりありません。

一方、加害者が自分はもう大丈夫だと思いたい、それまでは一緒にいてほしい、と私との接点を持ち続けようと願うかぎりは、私から加害者から離れたりはしません。

被害者が自らの環境を安全だと判断するようになれば私から離れて縁が切れるのに対し、加害者が私から離れるのには相当の時間がかかります。

第七章　個人と社会はどう対応すべきか――ストーカー問題への実践と提言

個人での対応はリスク段階まで

ストーキングに対して個人が一人で対処できるのは、リスク段階（一〇九頁の図参照）までと考えてください。

まずストーキングの被害に遭わないためには、安易な出会いは避けること。次に、交際中に辛くなったら、早めに別れる気持ちを持つことです。

異性と出会った時、影のあるところに惹かれたという人が少なくありません。ややこしい雰囲気の人を避けるよりも複雑な魅力の罠《わな》にはまってしまうのは、心の奥では刺激を求めているのかもしれません。そういう意味では、被害者も心満たされないものを抱えているのですが、そういう傾向のある人は特に注意が必要です。

そして、別れる意思をはっきり告げる。それでも相手が別れないと言い張る時は、議論と説得を避け、むしろ物理的に離れることです。

ただ、すべての連絡先を閉じてしまうとエスカレートする可能性がありますので、リスク段階ではメールアドレスだけは残しておいたほうがよいでしょう。メールのやりとりの記録は後で証拠になります。

メールを返信する際は、誰に見られてもいいようなメールを出してください。相手に諦めてもらおうとして、被害者がわざと汚い言葉で罵倒することがありますが、これは客観的には不利になるのでやめるべきです。内容については、一貫性のある主張をし、いい加減な謝罪はしないことです。

そして以下は繰り返しですが、リスクが長引けば次の段階、いよいよストーカー行為が始まるかもしれないと気持ちを引き締めることです。また、借りたものは返しておくことです。

リスクからデインジャーの段階（同前）に移ったら第三者、すなわち助言者を探します。デインジャーの段階では、誰かが中に踏み込むしか救う手立てはありません。

いざという時のために勤め先や通学している学校に不安があることを伝え、相手が電話をしてきたり、押し掛けてきたりした時のための対応策を取り決めてもらいます。避難先も考慮しておくべきでしょう。

心配性や血気盛んな人、新しい恋人はＮＧ

ストーカー問題は人生の危機であり、暴行や傷害はもとより、最悪の場合、人命が損なわれる。相手を殺傷してしまったら、被害者だけでなく加害者の人生も大きく狂います。何としても、殺人と自殺は止めなくてはなりません。

この問題の危機管理の難しさは、経験がない、適任者がいない、時間がない、の三つに集約されます。ストーカーはほとんどの人にとって初めての経験で、しかも周りに解決へと導いてくれる適任者がいません。

その際、心配性の人には相談しないことです。心配性の人というのは心配しかしないもので、アドバイスも「一般解」の域を出ない。一般解というのは、経験論にもとづく、現状のままでも実現可能な、最も抵抗の少ない解決案のことです。

一時しのぎ、成り行きまかせ、様子見、分析にとどまる意見など、現状を変えることにはならないアドバイスで、要は「ひょっとしたら好転するかも」という期待にすぎません。「距離を置いたら」「メアドを変えたら」「警察に相談したら」といったアドバイスは、ほとんど実際的な意味がないのです。

かつて私も「馬鹿な奴はほっておけ」と言われたものでしたが、いくらほっといても相手が私をほっといてくれなければ、ますます傷が深まります。殴られている時に「止めて」と言わなければ、相手は殴り続ける。修羅場をくぐった経験がある人ならば、経験から得た具体的アドバイスをしてくれると思います。

血気盛んな人に相談するのも危険です。いらぬトラブルを引き起こす可能性があります。義憤に駆られた友人が「ひと肌脱ぐ」とばかりに相手に文句を言いに行くのもよくありますが、まず解決には向かわない。その友人にまで嫌がらせが始まることが多く、「私たち二人とも被害者です」と相談に来られるケースは珍しくありません。

絶対に助け舟を出してはいけないのは新しい恋人、特にボーイフレンドです。これはストーカーの嫉妬心を猛烈に掻き立てます。

二〇歳も年下の女性と交際していた五〇代の公務員は、彼女の家の前で「お前は強情だ、わがままだ、身勝手だ、気が強い、嘘つきだ。お前みたいな女と付き合えるのは俺だけだ。新しい男と会わせろ。俺がお前のことを教えてやる。男は出てこい！」と叫びたてて警察に連行されました。

警察でも「自分は悪くない」と言い張っていたそうですが、このボーイフレンドは冷静で絶対に男と会わなかった。会っていたら傷害沙汰になっていたでしょう。どんなに挑発されても、新しい恋人だけは相手と向き合わないことです。

法的権限を持たない生身の他人が加害者にアプローチする時は、自分の生活や人生も影響を受けるという覚悟が求められます。

警察も、従来の犯罪類型と異なるストーキング事案は不得意です。かといって、放置していればストーキングはエスカレートする危険性があり、悠長に構えている時間はないのです。

相手は想像以上にややこしく色々な感情をぶつけてくるうえに、物理的な騒ぎも起こす。もしストーキングに介入して困った事態に陥ってしまったら、我慢せずにプロ（警察や弁護士）にバトンタッチすることです。

助言者として知っておくべきこと

ストーキングの被害に遭っている、と相談を受けたらどうしたらいいのか。

以下のことを聞いてください。
①何が起きたのか、時系列の話と背景となる人間関係を聞きだす。

②何が一番問題なのか？
③どうしたいのか？（離れてもらえればいいのか、処罰を求めたいのか、慰謝料をもらいたいのか、など）を聞く。

そのうえで、要望に応じてアドバイスとサポートをします。

私は、何のためにストーキング問題を解決するのかという目的を考えると、日々の暮らしや仕事を極力守りながら事案を解決するのが正しいと思います。

ただし、事態の深刻さと危険度に応じて一時的に日常生活や仕事を制限し、損失が生じる覚悟が必要な場合もあります。

警察に警告を申し出る際には、付き添い、自分の不都合を包み隠さず、正直に全て話すようにアドバイスしてください。

よくあることですが、「付き合ってもいないのにストーキングされている」と言いながら、実は「二回ほど関係を持った」「妊娠中絶させた」といった事実はいずれ明らかになるのです。

隠し立てしていたことが分かると心証が悪くなり、信用を損ね、対策にも影響が出かねません。中絶させた場合、民事ではもちろんのこと、刑事においても影響が出るようですから。

警告の発令時には、特に身辺に気をつけることは、先述した通りです。

民事上の責任を取るとは

加害者は相手に自己犠牲を求めることが多々あります。しかし、民事上の責任を取らせるために、お金以外の自己犠牲（身体、生命、時間、職業、他の人間関係など）を求めることはご法度です。

法的に認められる民事責任の対象は「不法行為」と「約束違反」の二つしかありません。精神的な苦痛を与えられたと言うなら、法律家に相談して正式に慰謝料を請求したらいいのです。もちろん、結果が自分の望み通りになるかどうかは分かりません。

お金で解決できるならいいか、とさっさと払う被害者もいます。しかし、世間的にはわずかなお金でも払った方が債務者と見なされますから、安易に応じるのはやめたほうがいいでしょう。

捨て金同然の解決金であっても、加害者は慰謝料だと主張したがりますから、示談書（和解の合意書）でお金の意味を明示すること、授受に関する条件を取り決めることが必須です。例えば、「直接間接にかかわらず、いかなる手段においてもお互いと双方の家族・友人・仕事関係者に接触しない」という約束の文言が含まれなければいけません。ともあれ、金銭の話が出てきたらストーキングは沈静化に向かっていると考えられます。

本質的に愛とお金とは共存できないようです。お金による解決が見えてくる時には、すでに愛は問題となっていないのです。

貸したお金はもちろん、共同生活なら家賃や食費、デート代まで逐一細かに計算する人もいます。口約束でも婚約破棄だと言って高額の違約慰謝料を要求する人や、待ち合わせに遅刻した日時の記録をもとに時給換算で請求する人もいます。

明確な貸借関係は別として、「付き合っていた間の費用を返せ」とか、「私の体を使ったじゃないの」と言うような人は見ていて悲しくなりますが、それでも解決が見えてきたな、という感じはしてくるものです。

私は、恋愛をした責任は双方にあると考えます。自然に愛が冷めていったなら、それは仕方のないことです。そのことで「責任を取れ」とは誰も言えない。人間の感情というのは、常に変わり続けているのですから。

ストーカー規制法改正の課題

二〇一三年、ストーカー規制法が改正されました。ポイントは以下の四点です。

①明文規定がなかったしつこいメールを「つきまとい行為」と規定した。
②被害者の住所地だけでなく、加害者の地元および加害行為の起きた警察署でも警告を出せるようにした。
③警察が警告をしない場合、その理由を被害者に文書で通知することを義務づけた。
④ストーカー行為の被害者に対する支援先として、婦人相談所を加える。

①については、この時代、しつこいメールがつきまといに該当するのは当然のことです。しかし欲を言えば、条文から曖昧さをなくしてほしいものです。

ストーカー行為の定義に「連続して」があるために、某県警では、「一〇分に一度メールがないと一日一〇〇回メールがあっても、つきまといではない」と言われ、「連続して、とは一日一〇〇回が二ヶ月以上続かないとダメ」と言われた人もいました。

②に関しては、相手に居場所を知られたくない被害者にとって、住所地以外でも警告してもらえるのは大きなメリットです。加害者が自分の住所地の警察署にやってきて警告を受ける、それを想像するだけでも怖いという被害者は大勢います。

③は、理由が分からないまま、警告してもらえずに悩んできた被害者にとって、警察の判断が可視化されることは対策を講じるうえで助かります。

しかし、私はストーカー規制法には、依然として根本的な問題があると考えていて、さらなる議論が必要だと思います。

まず、被害者が相談できる公的機関が警察だけであることです。逆に言えば、この規制法は全てを警察の手にゆだねる法律です。それ自体に問題があると感じます。

DV防止法では、内閣府所管の配偶者暴力相談支援センターが相談を受け付け、厚生労働省が所管するシェルターと連携して被害者を保護し、加えて各自治体が運営する福祉事務所が被害者を手厚く支援しています。

④に関連して言うと、ストーカー規制法では、婦人相談所が相談先になる可能性が見えてきた、という段階にすぎません。相談先も保護してくれるシェルターもほとんどないのが現状です。

ＤＶ防止法にもとづく「保護命令」は裁判所が出しますが、ストーカー規制法の「警告」は警察署長等が発します。この警告はいわばイエローカードなのです。表現の自由や幸福追求という憲法で定める自由権に関わるものですから、すぐさま処罰するのではなく、まずは警告という行政色の強い法律です。

つまり、「ストーカー規制法」は、「まだ犯罪が行われていないけれども警告を発する」法律であり、「行動の自由などの人権の制限」は本来、裁判所の行うことなのです。それを警察と公安委員会がするわけですから、警告を受ける側が即時抗告のような不服の申し立てができない。ひとつ間違えば人権問題にもなります。加えて、禁止命令は解除される期間が示されておらず、法律としては問題があるのではないかと思います。

警察にとってはかなり過重な責務ですし、警察が警告発令に対して慎重になりすぎ、警察署によってばらつきが出たりすることが想像されます。実際、私の相談者が警察署に被害届や警告申出書を出しに行くと、県警、警察署、担当者によってずいぶんと異なる対応を受けて帰ってきます。

警告が出ない場合は、被害者はどこにも救いを求めることができません。ＤＶの保護命令と同様に、迅速な審理と裁判を行い、加害者に禁止事項を言い渡す道が必要です。

今回はＤＶ防止法も同時に改正され、保護対象が「同居中またはかつて同居していた交際相手からのＤＶ被害者」にも広がりました。前回の改正（二〇〇四年）で「身体的暴力」に限らず「生命、身体に対する脅迫行為」も対象になっていますから、相手と短期間でも同棲したことのあるストーカー被害者は、ストーカー規制法に頼らずＤＶ防止法で救われる可能性が出てきました。例えば、加害者に六ヶ月間の接近禁止命令が出されるとしたら大いに意味のあることですし、警察に突き出したなどと逆恨みもされません。

ストーカー規制法は、「つきまとい等をして、その相手方に身体の安全、住居等の平穏若しくは名誉が害され、又は行動の自由が著しく害される不安を覚えさせてはならない」（第三条）と定めています。私はこれに「精神の安全」も加えるべきだと思います。また、保護の対象を、恋愛感情を根拠としない「つきまとい」やストーカー行為の被害者にも広げる必要があります。男女間以外にもストーカー行為はある。それらは迷惑防止条例で対応できると言う人もいますが、親子間のストーキングなど身内の問題で、直ちに告訴して処罰を求めるのはハードルが高いのです。まずは警察に警告を出してもらいたい、と考えるのが普通です。

さらに、ストーカー事案は略式命令（罰金一〇〇万円以下）ですまされてしまうケースが非常に多いという問題があります。私は加害者が反省、少なくとも後悔するためには罰金では効果がなく、きちんと起訴するためにも厳罰化が必要と考えます。

また、告訴しなければ逮捕できない現行法（親告罪）では、告訴がなかなか受理してもらえない現状もあり、被害者を守り切れない恐れがあります。公安委員会の禁止命令後は告訴なしでも逮捕できるものの、禁止命令に至るまでに事件が起きる危険性を排除できません。

警察の現場力

犯罪を防ぐのは、法律が全てではありません。殺人罪があっても殺人がなくならないように、完璧なストーカー規制法ができても、ストーカー事件がなくなりはしないでしょう。その意味では、現場の警察官の対応の一つ一つに命がかかっているともいえます。

二〇一三年一一月、千葉県市川市内で、女性（二二）が元交際相手（二三）に腹部を刺されて死亡。加害者の男は一〇代の頃から被害者と交際、二年ほど同棲していたといいます。

この二ヶ月前、男は被害者の実家に押しかけて復縁を迫り、駆けつけた市川署員に「今度押しかけたらストーカー行為になる」と口頭で注意を受けていました。その後女性は引っ越し住民票に閲覧制限をかけましたが、男は翌月また女性の実家近くで「女を取られた」などと騒ぎ立て、近所の住民に通報され警官に保護されました。

警察は、この時の騒ぎを事件の予兆としてとらえ、危険を予見することはできませんでした。個人情報の壁があり、加害者の状態をそのまま被害者に伝えることはできないとしても、その様子を見て、被害者に充分気をつけるよう注意喚起はできたはずです。

千葉県警は、「九月の通報はストーカー事案として受け付けていない」、「一〇月の保護は別案件」と、二つの出来事を一つの脈絡として見て対処はしていなかった。要するに、被害届の出ていない「もめごと」の範囲だという認識です。

一方、兵庫県警では届出のない一一〇番通報などで認知した男女間トラブルでも、「男女もめごと事案」として、ストーカー事案と同等の扱い（総合相談管理システムへの登録、情報の一元管理）をし、迅速な対応をとっているといいます。同県警は警告件数で全国トップですが、こうした取り組みが全国的なものになればと思います。

現場における警察官の見極め、あと一歩踏み込んだ対応が、どれほどの違いをもたらすか。警告一つでも数時間、相手を説諭しながら、という対応もあれば、「警告は警察としては軽い対処ですから、そんなに厳しくはしません」と言うこともあります。

実際、ある加害者は「忙しいから警察署には行けないと言ったら自宅の近くに来てくれて、車の中で読み上げられ、手渡されただけでした。一五分くらいですみ、警告の意味もよく分からなかったので大したものじゃないと思い、文書は捨ててしまいました」と悪びれもせずに言いました。警察官が加害者と話し込む必要はないと思いますが、伝えることはしっかりと伝え、理解しているかどうか確認はするべきです。

もちろん警察が頑張っても、「この程度ならストーカーではない」「犯罪とまでは言えない」と検事が不起訴にすれば、加害者はおよそ反省もなく戻ってきてしまいます。たとえ不起訴でもいけないことをしたのは事実ですから、検事には常に加害者に厳しく接してもらいたいのです。

悲劇を繰り返さないために

二〇一二年一一月、相談者だった三好梨絵さんが殺害されたことを知って、私は心臓を摑まれたようなショックを受けました。

最も悔やまれるのは、なぜ自分が加害者に面会と介入ができなかったのか、という点です。あの時点では、私は加害者の名前も住所も知らず、また教えてもらうだけの信頼が得られなかったのは、私自身の力不足でしょう。

しかし、それでも加害者あるいは加害者サイドと接触する手段は何かあったのではないか、今でもよく考えます。

第五章で詳しく述べましたが、彼女の相談を受けた時点で、加害者はすでに脅迫罪で逮捕されていた。彼の家族から謝罪の連絡があったら、私のカウンセリングを受けさせるよう申し入れる予定でした。しかし相手方からは何の連絡もなく、執行猶予付きの判決が出ました。

執行猶予中にもかかわらず再びメールがきたと彼女に聞かされた時、私は、これは非常に危険だと感じました。直ちに警察に逮捕してもらうこと、検事にも執行猶予を取り消してもらうよう要望することを強くアドバイスしました。

それが「お願いしたけど、ダメでした」という報告を受けた時、私は彼女と同じようにショックを受けました。しかし、「何度でも逮捕をお願いすべきだ」と言う以外、私は何も具体的な手を打てませんでした。

私は、当時の無策を幾度も振り返り、何が不足していたのか考え続けました。

一つは、もし当会が警察と連携をとれていたら、警察署で相談者とともに対策を講じるための話し合いができたのではないか、ということ。そして私が代理人として加害者と会うことについて彼女の信頼を得られたのではないか、ということです。

理想を言えば、当会のような相談機関が、法律や条例などで定められる児童相談所やDV相談センターのような公的な位置づけにあることでしょう。例えば、そういう「ストーカー問題解決支援センター」という立場と役割だったなら、カウンセラーの介入もスムーズに行われたのではないか、と考えました。福井医師（前出）にその提案をしたところ、しばらくして実際に「男女問題解決支援センター」を立ち上げてくださいました。全国に広まっていくことを期待しています。

もう一つの後悔は、殺人事件を防げる可能性があった最終段階での私の対応力不足、視野狭窄《きょうさく》です。

彼女からは五月に再逮捕がかなわなかったという報告の後、しばらく連絡が途絶えました。しかし七月、あらためて「やはり不安だ。警察の対応は変わってほしい」と電話があった日のことを、私は歯ぎしりせずには思い出せません。

先に述べたように、加害者には保護観察所から「特別遵守事項」（メールや電話をはじめどんな形でも被害者に接触してはならず、すれば執行猶予は取り消される）が課せられていた。それを知ったのは事件後のことで、当時は彼女も知らなかった。もし知っていたら、メールが再開された時点で即刻、警察や検察を通じて保護観察所に報告し、執行猶予の取り消しを裁判所に申し立ててもらったはずです。

保護観察所は「特別遵守事項」のことを、警察にも検察にも報告していませんでした。警察と検察も積極的に保護観察所に問い合わせなかったため、彼女が自動的に「特別遵守事項」を知ることはできない状態に置かれていました。

つまり被害者に対しての、保護観察所、警察、検察の連携がまるでなかったということです。この点では、法務省と警察庁が連携を図るように変化しつつあります。

私自身、彼女に助言できたはずの「被害者等通知制度」について思いつきませんでした。この制度で申請すれば、被害者は加害者の保護観察中の状況も分かり、「特別遵守事項」の存在も知りえたはずです。少なくとも私は制度のことを思い起こしてきちんとアドバイスしなくてはならなかったのです。

ですから、殺人事件を防げなかったのは逗子警察署だけの責任や問題ではありません。

ストーカー規制法、警察と保護観察所と検察の連携の欠如、当会も含めて彼女が歩いて回った相談機関、加害者家族、加害者の受けた精神的ケア、医療と司法の連携――これらの問題をきちんと検証し、悲劇を繰り返さないようにしなくてはならないのです。

おわりに

本書の執筆中の二〇一三年一〇月、東京・三鷹市で女子高生（一八）が自宅前で殺害される事件が起こりました。加害者は元交際相手（二一）で、京都在住のフリーターでした。以下、報道などをもとに、事件発生までを時系列で追ってみます。

二〇一一年暮れ、二人はフェイスブックを通じて知り合い、遠距離交際を始めましたが、翌年夏には別れ話が出ていたそうです。加害者は了解しなかったのでしょう、九月、被害者は留学を理由にあらためて別れを告げました。

しかし、二〇一三年三月に彼女が帰国すると、加害者から復縁のアプローチが激化。メールや手紙には、「会わないと死ぬ」「写真を送ってくれ。送らないなら死んでやる」などと書かれていました。

四月、彼女は要求に応じて京都まで会いに行き、その後、彼の電話を着信拒否にしましたが、加害者は友人の携帯電話を使って電話をかけてくるようになります。彼女の父親は「娘とは関わらないでほしい」と加害者に伝え、友人の電話も着信拒否にしました。すると加害者は、共通の友人に「殺してやる」「復讐してやる」などのメールを送信し始めます。

やがて九月二七日、加害者は夜行バスで上京し、その翌日に雑貨店で包丁を購入。一〇月一日には、被害者の自宅前や近くの駅周辺で待ちぶせしています。

同四日、被害者から相談を受けた高校の担任教諭が、警視庁杉並署に電話で相談したところ、生活安全課は「早急に、自宅がある三鷹署に相談した方がいい」と勧める一方、杉並署での被害届受理もできなくはないと説明。

同八日午前、被害者は両親とともに三鷹署を訪れ、刑事手続きは希望せず、まず口頭で注意をしてほしい、聞かなければ正式な警告をしてほしいと要望しました。

署員は被害者の前で加害者の携帯電話に電話をしましたが、応答しなかったため、留守番電話に「三鷹署に電話をするように」とメッセージを残します。しかし、この電話は加害者の友人のもので、加害者が聞くことはありませんでした。

この日朝、すでに加害者は被害者宅の屋根の上にいたのです。その後、窓から侵入し、クローゼットに身を潜めました。そこから友人にあててＬＩＮＥに書き込んだメッセージは、一時間ばかりの間に五六件――「しきゅう助けてほしいことがある」「ふんぎりつかんからかなりストーカーじみたことをしてる」「もう懲りた」「普通にでようにも鉢合わせしたら終わってまう」「神様反省してるので助けてください」、そして最後のメッセージは「詰み（罪）だわ」（一四時三〇分）。

一五時半、被害者は授業を終えて学校を出ました。一六時半、三鷹署員から被害者に「帰りましたか?」と安否確認の連絡。「無事に家に着きました」という返事。

一六時五〇分、加害者はクローゼットから出て被害者を襲い、玄関近くで首に切りつけました。加害者は、自宅から路上に飛び出た彼女を追いかけ、馬乗りになって首や腹部を刺した後、逃走。

一八時三一分、現場から約七〇〇メートルの路上で容疑者を緊急逮捕。被害者は搬送先の病院で死亡が確認されました。

＊

この事件で、警察はどのように行動すべきだったのでしょうか。

まず三鷹署は被害者側の相談を受け、その要望に沿って、加害者に口頭警告を発しました。これは一見正しい対応のようですが、安全を守るプロである警察官なら、差し迫った危険度を見ぬいて、被害者に自宅に帰らないよう強く指導するとともに、加害者を迅速に検挙するなどの対応をとるべきでした。

本書では、度々警察の対応を取り上げてきましたが、もとより警察官は日々たくさんの犯罪被害者の声を聴いています。そのすべてを緊張感をもって聴きながら、不確実な危険性を見抜くには人的資源が足りなすぎると思います。

私は法律の専門家ではありませんが、ストーキング事案を幾つも経験してきた者としてあらためて言わせていただくと、ストーカー被害者の声すべてを警察だけが受けるという現行の仕組みには、明らかに限界があります。

求められるのは信頼できる専門家です。経験があって全体像を見通すことができ、最悪の事態まで視野に入れ、被害者の安全確保を具体的にサポートできる。警察への依頼の仕方についても方法論を持っている。そうした専門家がいれば、どれほど多くの被害者が救われることでしょう。

被害者だけではありません。加害者とその家族の声に耳を傾ける機関も今は皆無なのです。三鷹の事件の加害者の母親も、身体を張ってでも息子を止めたかった、と話していましたが、ここに至るまでに母親の悩みを聞き届け、具体的な対策を講じる人間がいたら事件は防げたのではないかと思います。

　加害者自身も、暴走してゆく自分を力ずくでも止めてくれる力、殺害の直前まで自分を止めてくれる奇跡を待っていたように私には感じられます。

　この加害者は、被害者から着信拒否にされた時、ポイズンの段階（一〇九頁の図参照）に達していたと私は思います。事件を防ぐためには早期介入が鉄則です。デインジャーの段階で、復縁を迫って脅迫的な要求をしていた時期に第三者の介入があれば、事件は防ぐことができたかもしれません。

　その第三者はカウンセラーが理想的だと考えます。加害者の感情を受け止め、吐き出させながら扱い、ストーカー行為を止める決断をするまで支えていたら、殺意を固める前に問題は終わらせることができる。そういうカウンセラーが常駐して相談に乗るのが「解決支援センター」です。

　この事件では、殺害された女子高生が有名人の親族だったことや、プライベートな写真がネット上で拡散されたことから、被害者の名誉が大きく傷つけられる事態になりました。被害者が殺害後もさらに傷つけられる、その残酷さをあらためて感じます。

　実は私自身、過去に自著の中で桶川ストーカー事件の被害者について、心ないことを書いてしまったことがあります。以来、被害者の方に心の中で謝り続け、私の中にも加害性があることを常に忘れずに、仕事をしています。

＊

昔からよく思い出す詩があります。高校時代に初めて読んだ時は、「わかっちゃいるけどやめられないのが人間、こんなのおせっかいなキレイごとよ」と反発しました。

でも、経験も年も相応に重ねてきた今は違います。

人間なら、痛みや不平、愚痴を誰かに聞いてもらいたい時もある。自殺を望んだり、誰かをストーキングしたりするより、気持ちを誰かに聞いてもらえさえすれば絶望やみじめさを手離せるかもしれない、と思うようになりました。

この詩は、苦悩を誰かに真剣に聴いてもらえた人が、安堵と解放感に満たされた時の喜びを歌っている――そう思った時から、私はこの詩が好きになりました。

「ストーカー」を含め、悩み苦しむあらゆる人たちへ、拙《つたな》いあとがきの代わりとさせていただきます。

最低にして最高の道

高村光太郎

もう止さう。
ちひさな利慾とちひさな不平と、
ちひさなぐちとちひさな怒りと、
さういふうるさいけちなものは、
ああ、きれいにもう止さう。
わたくし事のいざこざに
見にくい皺を縦によせて
この世を地獄に住むのは止さう。
こそこそと裏から裏へ
うす汚い企みをやるのは止さう。
この世の抜駆けはもう止さう。

さういふ事はともかく忘れて
みんなと一緒に大きく生きよう。
見えもかけ値もない裸のこころで
らくらくと、のびのびと、
あの空を仰いでわれらは生きよう。
泣くも笑ふもみんなと一緒に
最低にして最高の道をゆかう。

小早川明子　1959(昭和34)年愛知県生まれ。心理カウンセラー。中央大学文学部卒業。ストーカー問題をはじめ、あらゆるハラスメントに対処するＮＰＯ法人「ヒューマニティ」理事長。

Ⓢ新潮新書

567

「ストーカー」は何《なに》を考《かんが》えているか

著　者　小早川明子《こばやかわあきこ》

2014年４月20日　発行

発行者　佐　藤　隆　信

発行所　株式会社新潮社

〒162-8711　東京都新宿区矢来町71番地
編集部(03)3266-5430　読者係(03)3266-5111
http://www.shinchosha.co.jp

印刷所　株式会社光邦

製本所　憲専堂製本株式会社

ISBN978-4-10-610567-8　C0236

価格はカバーに表示してあります。

Ⓢ新潮新書

468 55歳からのフルマラソン 江上剛

五十代半ば過ぎの典型的メタボ、ストレス続きで精神的にもどん底……しかし、走ることであらゆることが変わって行った。マラソンと人生をつづるランニング・エッセイ。

469 ハーバード白熱日本史教室 北川智子

レポートのテーマは映画作りとタイムトラベル！「大きな物語」としての日本史を語り、体験型の授業でハーバードの学生たちを熱狂させた日本人女性による「若き歴史学者のアメリカ」。

470 自衛する老後 介護崩壊を防げるか 河内孝

精神論でもお上頼みでも、もう乗り切れない。超高齢化社会を迎えた今、厳しい介護・医療の現場で奮闘する人々の取り組みから、人生最終章を守り抜く手立てを考える。

474 「新型うつ病」のデタラメ 中嶋聡

この十年で急増した「新型うつ病」。従来のうつ病とは明らかに異なる病態をもつそれは、本当に〝病気〟と言えるのだろうか。もはや社会問題。そのまやかしを、現役精神科医が暴く。

486 犯罪者はどこに目をつけているか 清永賢二 清永奈穂

狙われるヤツには死角がある、自分たちはそこを突く——伝説的大泥棒はそう警告する。わが身、わが家、わが町を犯罪から守るために何をすべきなのか。異色の防犯読本。

Ⓢ新潮新書

506
日本人のための世界史入門
小谷野敦

510
人間はいろいろな問題についてどう考えていけば良いのか
森博嗣

511
短歌のレシピ
俵万智

513
医療にたかるな
村上智彦

514
無力　MURIKI
五木寛之

「日本人にキリスト教がわからないのは当然」「中世とルネッサンスの違い」など、世界史を大づかみする〝コツ〟、教えます——。古代ギリシアから現代まで、苦手克服のための入門書。

難しい局面を招いているのは「具体的思考」だった。本質を摑み、自由で楽しい明日にする「抽象的思考」を養うには？　一生つかえる「考えるヒント」を超人気作家が大公開。

味覚に訴え、理屈は引っ込め、時にはドラマチックに——。現代を代表する歌人が投稿作品の添削を通して伝授する、日本語表現と人生を豊かにする三十二のヒント！

医療費をムダ遣いする高齢者、医療崩壊を捏造するマスコミ……財政破綻の夕張市に乗り込んだ医師が見た真実とは？　この国の未来を喰いものにする「ごまかし」を暴く。

ついに、「力」と決別する時がきた。自力か他力か、人間か自然か、生か死か……ありとあらゆる価値観が揺らぐなか、深化し続ける人間観の最終到達地を示す全十一章。

Ⓢ新潮新書

526 反・自由貿易論 中野剛志

自由貿易交渉は「侵略戦争」である――『TPP亡国論』の著者が、諸外国の事例や最新の論文などを改めて検証。米国が扇動するグローバル化の惨状をあぶりだした最終警告書。

527 タモリ論 樋口毅宏

タモリの本当の〝凄さ〟って何だろう――。デビュー作でその愛を告白した小説家が、サングラスの奥に隠された狂気と神髄に迫る。読めば〝タモリ観〟が一変する、革命的芸人論。

529 やっぱり見た目が9割 竹内一郎

目が輝いている人と死んでいる人はどこが違うのか？　ミリオンセラー『人は見た目が9割』から八年。「非言語コミュニケーション」の本質、威力、面白さをこの一冊に凝縮！

530 ネットのバカ 中川淳一郎

ネットの世界の階級化は進み、バカは増える一方だ。「発信」で人生が狂った者、有名人に貢ぐ信奉者、課金ゲームにむしられる中毒者……「ネット階級社会」の正しい泳ぎ方を示す。

531 人間の浅知恵 徳岡孝夫

独裁者の私利私欲は時に人間くさく、庶民の振りかざす正義は時に傍迷惑なものとなる――。ジャーナリストにして希代の名文家が、透徹した視線で世界を見つめる。

Ⓢ新潮新書

549 **現場主義の競争戦略**
――次代への日本産業論
藤本隆宏

本社よ覚醒せよ――敗北主義でも楽観主義でもない。あらゆる産業の実証研究を通して、「何をやりたいか」より「何なら勝てるか」を考え抜く、現場発の日本産業論。

553 **仏像鑑賞入門**
島田裕巳

すぐれた仏像に親しむことは、現代日本人の「特権」である。しかし、そもそも仏像とは何なのか。歴史や造り方、鑑賞と信仰の関係、秘仏の謎などを通じて、その本質に迫る。

554 **正義の偽装**
佐伯啓思

格差や不快感の正体は？　「アベノミクス」や「民意」という幻想、「憲法」や「皇室」への警鐘……民主主義の断末魔が聴こえる。稀代の思想家が抉り出す「国家のメルトダウン」。

555 **心を操る文章術**
清水義範

笑わせる、泣かせる、怖がらせる、和ませる、怒らせる……読み手の感情に訴える文章を書くための発想とテクニックをつぶさに伝授。ユーモア満載の「一億総書き手」時代の文章読本。

558 **日本人のための「集団的自衛権」入門**
石破茂

その成り立ちやリスク、メリット等、基礎知識を平易に解説した上で、「日本が戦争に巻き込まれる危険が増す」といった誤解、俗説の問題点を冷静かつ徹底的に検討した渾身の一冊。